「ラ・ベットラ」
落合務のパーフェクトレシピ

講談社

この本では「理屈」を教えます。口を酸っぱくして教えます。「理屈」がわからないと、おいしい料理はできないからです

「落合さんの本で作ってるから、パスタは上手にできる」って、みなさんがよく言ってくれます。うれしいですよ。もちろん、うれしいんだけど、それは「落合さんの本の通りに作ると、そこそこできる」っていうことだと僕は思っています。そこそこ、なんですよ。

なぜなら、僕が「カルボナーラはフライパンを火からおろしたり、また火にかけたり、を繰り返してトロリとさせるんですよ」とテレビやなんかでやって見せるたびに、「ええーっ！」ってみんなが言うんです。悪いけど俺、もう10年以上これ教えてるぜ、って思うわけじゃない？

本でもテレビでも料理教室でも、あれだけさんざん声を大にして「パスタはこうやってゆでるんですよ」「こんなふうにソースとあえるんですよ」と教えてきたのに、まだ「ええーっ！」って言われちゃう。あなたたちを驚かせるために、僕はこれをやってるんじゃないんだよ、って。だから言いますよ、「今、『ええーっ！』って言ってる人は、家でおいしいパスタ食ってないね」って、きつく言う。じゃないと、みんな、真剣に聞いてくれないからさ。

いい素材よりも「腕」です！

最近はもしかしたらご家庭のほうが、僕たちよりも、もっといい食材を使っているかもしれないんです。プロはコストを下げることも考えなくちゃいけないから。で、その分、僕たちは腕を使っているわけですね。

どんなにいい食材を使ったところで、結局は「腕」なんです。「腕」がなければ、せっかくの高級地鶏もおいしく焼けません。

その「腕」とは何かといえば、「経験」「知識（＝理屈）」「技術」、この3つです。「経験」と「技術」、これはもう実践あるのみ。繰り返し作ることです。でもそれも、ただ作ればいいってもんじゃなくて、そこに「知識＝理屈」が加わるかどうかで、料理の上達はまったく違ってくる。

水っぽい野菜炒めの原因は？

たとえば「炒める」「焼く（グリルする）」という調理法は、素材の水分を飛ばして、素材のうまみを凝縮させながら、素材にやわらかく火を入れることです。火の通し方、すなわち「火加減」がとても重要です。そういう「理屈」を知らないで、ただ、ジャージャー炒めたり焼いたりしていれば、おいしいものはできっこない。

みなさんが作る野菜炒めがいい例です。野菜から出た水分で蒸し煮になっちゃったような、べちゃっとした野菜炒めを作っていませんか？

何が問題かというと「火加減」です。炒めると野菜から水分が出る。その水分を蒸発させるためには、強い火力が必要です。家庭のガス台の火力は強くないのに、焦げるのが心配だからと弱い火で、箸でコチョコチョいじりながら炒め続ければ、どうしたって野菜から水けが出てくる。鍋の中に水分がたまる一方です。

ではどうするか。熱がよくまわるように大きなフライパンを使って、そんなに野菜をたくさん入れないで、そのガス台の最大の火力で、あまり触らずに炒めればいい。「炒める」＝「素材の水分を飛ばす」っていう「理屈」がわかれば、それを目指そうとするでしょう？「こうしたい」という目的が明確にあって、それを目指すのが料理なんですよ。

この本には、料理の数はあまりたくさん載っていません。その代わり、ひとつひとつの料理のなりたちや、調理途中の「この状態になったら次へ進もうぜ」ということが書いてあります。「なぜそうするか」という「理屈」が書いてあります。「レシピ通りに作る」んじゃなくて、「理屈」を知って作ってほしいんです。そうすれば料理は絶対にうまくなる。

昔からイタリアにある料理、みんなが好きな料理、僕自身が好きな料理、みなさんに上手になってもらいたい料理を、この本では選びました。何回でも、何年でも、何十年でも作り続けてもらいたい料理ばかりです。

CONTENTS

2　この本では「理屈」を教えます。口を酸っぱくして教えます。
「理屈」がわからないと、おいしい料理はできないからです

6　Pasta

8　パスタの基本
A　まずはソースを作る。これ、すごい大事です
B　パスタをゆでる
C　ソースであえる
D　パスタを食べる

16　**にんにくと赤唐がらしオイルのスパゲティ**
20　**野菜とごまのアーリオ・オーリオ**
24　**ボンゴレ**
28　**トマトソースのバターパルミジャーノ**
32　**スパゲティ・アラビアータ**
36　**ツナトマトソース 木こり風**
40　**生ハムとアスパラガスのクリームパスタ**
44　**えびのトマトクリームパスタ**
48　**カルボナーラ**
52　**ミートソース**

56 Antipasti

58 トマトのブルスケッタ
61 こんなアレンジもできる ケッカソースのメッツェペンネ
62 白身魚のカルパッチョ
66 魚介のサラダ
70 ハムのムース、サーモンのムース
74 おいしい料理を作りたかったら「乳化」のテクニックを身につけるべし！
75 ドレッシングで「乳化」入門 ボウルひとつでできる、簡単でおいしいサラダ

76 Secondi

78 グリルの基本
79 A 「火の通りやすさ」を均等にする
B 下味をしっかりつける
C 片面を8割がた焼く
80 魚も鶏も豚も「焼き方」は一緒だよ
82 豚ロースのグリル、バルサミコソース
86 白身魚のグリル、タルタルソース
90 鶏肉のグリル
94 鶏胸肉の冷製 鶏ソース
98 アレンジ例1 鶏胸肉のサンドイッチ
99 アレンジ例2 鶏胸肉のサラダ
100 ポークカツレツ
104 カチャトーラ
108 レシピには書ききれないけど、僕が大事だと思っていることをお話ししましょう

110 Dolce

112 いちごのムース
116 チョコレートのムース
120 フルーツのガスパッチョ
124 ロマノフ

+ 計量単位は、カップ1＝200mℓ、大さじ1＝15mℓ、小さじ1＝5mℓです。すりきりで計ってくださいね。
+ ＥＸＶオリーブオイル＝エクストラバージンオリーブオイル。
+ バターはすべて無塩バターを使っていますが、ご家庭に有塩バターがあればそれを使ってかまいません（Ｐ72～73を除く）。わざわざ買わなくてＯＫ。

Pasta

ソースを作った鍋を、先に食卓に置いておく。パスタがゆで上がったら運んできて、鍋の中にバサッ。かき混ぜながら、みんなでワイワイと取り分けて食べる——。これがイタリアの家庭のパスタの食べ方です。日本ではフライパンでソースを作るから、つい、炒めたくなるんです（パスタは炒めません。あえるだけ。炒めると焼きそばになっちゃう）。鍋で作りましょう。ある程度の深さのある鍋で作ったほうが、パスタも混ぜやすいです。

みそ汁を作るアルミの鍋で
ソースを作ってもいいんだよ。
ただ、
プロはどんな鍋でもうまく作れるけど、
家庭のみなさんは
厚手のいい鍋の力を借りたほうが、
上手にできることは確かです。

パスタの基本

A

まずはソースを作る。これ、すごい大事です

もう作れる、って？
本当かな。これから教えることに
「ええーっ、知らなかった！」っていう人は、
家でおいしいパスタを食べていない証拠。
基本をしっかり押さえることから始めましょう。

スパゲティを食べたいんだったら、**まず、ソースを作ろう――**。僕はこれをいつもいっているんだけど、まだまだ浸透していない気がします。ソースはできあがっても待てるんだ。でも、パスタはゆで上がったら待てない。どっちから先に作るかっていったら、「待てるやつ」から作るよね。そろそろソースができあがる、あとちょっと２〜３分煮込むだけだな、っていう**ソースのメドが立ったときに、初めてパスタをお湯に入れる**んです。パスタがゆで上がる前にソースができたら、火を止めて、そのまま置いておきます。

アーリオ・オーリオ（→ P16）みたいな
具の少ないソースは、フライパンか鍋で作る。
オリーブオイルに、
にんにくの香りをよく移して
（だから役目の終わったにんにくは、
焦げないように取り出しちゃってる）、
「ソースのメドが立ってから」
パスタをゆで始める。

ボスカイオーラ（→ P36）
みたいな具だくさんの煮込み系ソースは、
深さのある鍋で作る。
あと少し煮込めば完成だな、という
「ソースのメドが立ってから」
パスタをゆで始める。

B パスタをゆでる

◉ 塩を入れてゆでるには理由があります

パスタをゆでるとき、お湯に塩を入れるのはなぜか。**パスタには塩が入っていないから**です。うどん、そうめん、冷やむぎは麺じたいに塩が入っている。だから、おつゆをつけて食べても遜色ないんだけど、パスタには塩味がついていないから、そのままだとソースとあえたときに味が物足りない。ソースがいくらおいしくできても、パスタに塩けがちゃんとついていないと、味がアンバランスになる。だから、ゆでるときに塩を入れて、パスタに塩味をつけるんです。

パスタ２人前160gをゆでるなら、水３ℓを沸騰させるのが目安。塩は45g。塩は結構な量ですよ。一度はちゃんと量ってみたほうがいい。量って、目で塩の量を覚えてください。

◉ 必ずお湯が沸騰してから塩を入れる

パスタは、お湯の中に全部沈んだ状態でゆでたいんです。だから、お湯がたっぷり入る大きめの鍋でゆでることが多いわけです。でも、パスタが横になって全部入るなら、大きめのフライパンでゆでたっていいんですよ。

お湯は必ずグラグラと沸騰させます。そこへ、量った塩を入れます。

◉ パスタをゆでるのは、ソースのメドが立ってから

くどいようだけど、パスタをゆで始めるのは、「ソースのメドが立ってから」ですよ。慣れないうちはソースが完全にできてから、パスタをゆでたほうがいい。**パスタをゆでている間は、ソースの鍋やフライパンの火は止めている**状態です。

◉ すぐにかき混ぜる！

　パスタをお湯に入れたら、すぐにかき混ぜる。入れたら、もうすぐそこで**15秒ぐらい、ずーっとよく混ぜる**。お湯の中でくっついているパスタを、箸1本でバラバラにほぐしていく感じです。こうして最初によく混ぜておけば、あとは放っておいていい。

　みなさん、最初によく混ぜないから、ゆで上がったときに、3本、4本、5本とパスタが束になってくっついて出てくるんです。

◉ 穏やかに沸いているお湯でゆでます

　ゆでている間は、お湯がグラグラと煮立っている必要はありません。

　ぽこぽこ、ぽこぽこ沸いているぐらいの火加減で、パスタが気持ちよさそうな**穏やかに沸いているお湯**でゆでましょう。

◉「短めのゆで時間」をすすめる理由

　パスタの袋に書いてあるのは、そのパスタの一番おいしいゆで上がり時間です。みなさんが、その“一番おいしいゆで時間”でゆで上げて、それからゆっくりとソースであえて、ゆっくりと盛りつけてテーブルに運んで、「ごはんよ～」と声をかけて、家族が食卓に着くまでにおよそ4～5分というところかな。その間にパスタに入る余熱っていうのは、すごいもんだぜ。口に入るときには“ゆだりすぎ”の状態だと想像します。

　僕たちプロは“6分ボイル”のパスタなら、5分30秒ぐらいでお湯から引き上げます。残り30秒で余熱が入る間に、ソースであえて、盛りつけて、客席に届けることができるという計算です。みなさんも自分のペースを考えて、**ゆで時間を袋の表示よりも30秒～1分短めに設定**するといいです。

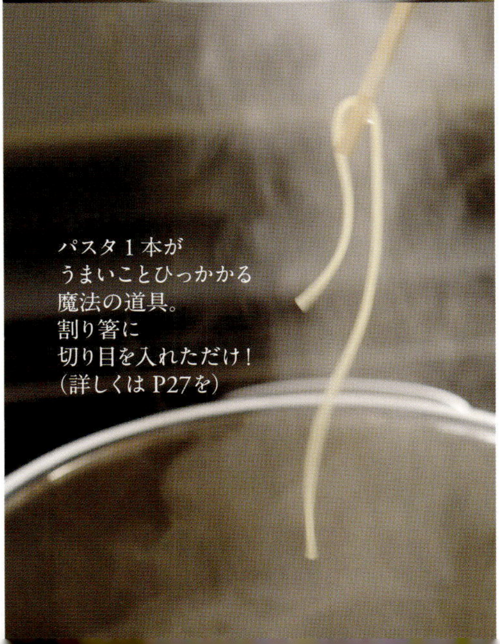

パスタ1本が
うまいことひっかかる
魔法の道具。
割り箸に
切り目を入れただけ！
（詳しくはP27を）

C ソースであえる

フライパンでソースを作ったとき

◉ お湯をよくきって、ソースの鍋へ

パスタをソースであえるのは、ちょっと難しい。特にオイル系のソースの場合は、僕たちプロだって、一度に２人分以上をあえようとするのは難しい。**パスタは１〜２人分ずつ**作るにかぎります。

ゆで上がった**パスタはお湯をよくきって**、ソースのフライパンに加えます。このとき、**火はついてません**。お湯をよくきるのは、パスタについたお湯が加わると、せっかく作ったソースの味やとろみ（乳化→詳しくはP17）のバランスがくずれてしまうから。

◉ 混ぜるだけでいいんです

パスタをソースの中に入れたら、トングとか菜箸とかフォークで、**くるくるくるくる混ぜればいいんです**。フライパンや鍋をゆすらなくていいから、上下を返そうとしなくていいから、くるくるくるくる混ぜてください。

チャーハンなら上下を返さないと混ざらないけど、パスタのソースには水分があるから、混ぜるだけでソースがパスタにからんでくれます。

◉ 皿の中心に落とす感じで盛りつける

皿に盛りつけるとき。フライパンや鍋を下に置いたまま、パスタをトングでつかんで、**高いところから皿の中心へと落とす**ようにするときれいに盛れます。フライパンや鍋に残った具は、鍋を持ち上げて、ゴムべらで皿の中へ落としてやればいいんですよ。

鍋でソースを作ったとき

◉ 食卓であえたほうがおいしいよ

大人数なら鍋ごと食卓へ出しましょう。そこへ、**ゆでたてのパスタをガバッと入れて、ガーッとかき混ぜて、みんなで取り分けて食べる**。そんな、イタリアの家庭みたいな食べ方を、日本の家庭でしてみてもいいんじゃないかな。「あ、お兄ちゃん、あんなにたくさん取った！」「わたし、ソースがよくからまってるとこ！」って、そんなふうにワイワイ楽しく食べるのが本来のイタリア料理だし、**そっちのほうが絶対うまいのよ**。

それでも、パスタをソースであえてから食卓に出したい？　それなら、フライパンでソースを作ったときと同じように、鍋の中でくるくるくると混ぜて、パスタにソースをからめて皿に盛ります。

D
パスタを食べる

自分でいうのもナンだけど、これはうまいよ。いただきまーす。

食べるときは、皿の中のこんもりしているところへフォークを刺して、
「自分の口に入るだろう」っていう分だけ（パスタ６～７本かな？）、こう、すくい取る。

すくい取ったら、それを皿の自分の手前の縁におろして、皿の上でくるくると巻く
（写真では見えやすいように、みなさんの側で巻いてますよ）。

一口で食べられる分だけ、皿の上でくるくると巻いたのを口へ運ぶ。
こうすると、ほら、カッコイイでしょ。
みんな、一回にガッとたくさん取って巻くから、うまく巻けないのよ。

スパゲティがボテボテにフォークに巻きついていたり、
食べきれなくて皿にボタボタ落としたり、すすったりするのはマナー違反です。
スマートにいこうぜ。

具は、具だけをフォークで刺して食べてもいいし。少なめに取った
スパゲティと一緒にフォークで刺して口に入れてもいい。
パスタが好きなら、おいしそうな食べ方もぜひ身につけてね。

にんにくと赤唐がらしオイルのスパゲティ
Spaghetti Aglio, Olio e Peperoncino e Burro

「乳化」という状態を覚えてください。これがイタリア料理のうまさの大元です

● にんにくにホクッと火を通す

アーリオ・オーリオ・エ・ペペロンチーノは、もう、ご存じですよね？　すなわち、にんにくと赤唐がらしのオイル。イタリア料理の基本のソースです。基本だけど、これがまともに作れたら、シェフとして一人前といわれるほど、実は難しい。

まず大事なのは、**にんにくの火の通し方**。冷たい（常温の）オリーブオイルとにんにくを火にかけて、にんにくがホクッとして、きつね色になるまで火を通す。みなさんが思っているよりも時間をかけて、ていねいにていねいに火を通すんですよ。万が一、火が強すぎて**にんにくが焦げてしまったら、初めからやり直すぐらいの気持ち**でいてほしい。

●「油」と「水」をくっつける＝「乳化」

次の要は**ソースを乳化させる**こと。考えてもみてよ。このソースはオリーブオイルがベースで、そこへゆでたパスタが入るわけだから、まさに「油」と「水」でしょ。相性の悪いどうしをいかにくっつかせるか、すなわち「乳化」させるか……。間に「乳化剤」が必須です。

パスタのでんぷんが出たゆで汁、まずはこれが「乳化剤」になる。オイルにゆで汁を加えてフライパンをゆすると、とろっと白濁したドレッシングみたいなソースになる。なる、んだけど、ここではまだ完全な「乳化」は行われていません。**なんちゃって乳化**なんです。そこへパスタを入れて、みなさんは火をつけて炒めますね？　するとフライパンがジャージャーいう。それこそが「水」と「油」が分離している音です。火にかけて炒めると水分は蒸発し、オイルは鍋の中に残る。だから油でベタベタしたパスタになるんです。ソースにパスタを入れたら火はつけない。我慢ね。

もうひとつ、パスタをあえるときに**バターやチーズを入れる**ことをすすめたい。僕たちプロもやっていることです。さらに「乳化剤」を加えてあげるわけ。こうすることで「乳化」がうまく起こって、アーリオ・オーリオのソースがパスタにしっかりとくっつき、まろやかでおいしい仕上がりになる。理屈がわかったかな？　そしたら次は実践です。

にんにくと赤唐がらしオイルのスパゲティ

材料（2人分）
スパゲティ……160g
水……3ℓ
塩……45g
〈にんにく唐がらしオイル〉
EXVオリーブオイル……60mℓ
にんにく……4かけ
赤唐がらし（半分に折って種を抜く）……2本
パスタのゆで汁……約60mℓ
無塩バター……10g
イタリアンパセリ（刻む）……適宜

◘「乳化剤」として入れるバターの代わりに、パルミジャーノのすりおろしを加えても同じ効果になる。
◘ゆで汁をオイルとなじませることで、ゆで汁の塩分がついて、塩けはちょうどよくなるはず。

この仕上がりを目指そう

にんにくはうっすらと色づいたきつね色。途中で取り出したら最後にパスタにのせてもいい。

赤唐がらしはあくまでも赤く。これも途中で取り出して、仕上げにのせても、のせなくてもいい。

オイルのソースが、パスタにしっかりからまっていることが大事。つやつやで、もっちりとして見るからにうまそうでしょ！

1

にんにくは4等分ぐらいに切る。

ソースを作る。にんにくはこの切り方を僕は最近、すすめている。みじん切りだと焦げやすいからね。芯芽も焦げやすいので抜いておこう。

2

オリーブオイルとにんにくを入れて、フライパンを傾ける。まだ火はついていないよ。

にんにくが鍋底に触れると焦げやすい。だからフライパンを傾けて、にんにくが油に浸って浮いた状態にしてやるわけさ。

3

火にかける。最初は強火。どんな料理もそうだよ。

素材を入れたら必ず最初は強火。これ、料理の基本です。火加減は大事。「鍋中の温度が高すぎる」と感じたら、いつでも鍋を火から外していい。そうして少し休ませて、また火にかける。

4

泡がたくさん出てきたら弱火にする。

にんにくの水分がオイルに出て、泡がたくさん出てきたら、弱火にするタイミングです。

5

きつね色になって、芯まで火が通るのに3〜4分かかる。

うまそうな香りが立ってきたでしょ。火が通ってきた証拠。にんにくの中の水分が抜けて、表面がうっすらときつね色に色づいた。

6

もう、いいね。火を止めるよ。

竹串を刺してみて、スッと通ればOK。にんにくは焦げやすいので、取り出します。仕上げにのせてもいいけど、にんにくは食べなくていいんだよ。

7

オイルの熱が落ちたら、赤唐がらしを入れる。

赤唐がらしも焦がしたくない。だから火を止めて、「油の温度が少し冷めたな」というところで入れる。少しゆすってオイルに辛みをつけて、しばらくしたら赤唐がらしも取り出す。

8

ソースのメドが立ったので、パスタをゆで始めよう。

パスタを湯に入れたらすぐに、しばらくかき混ぜる。10～20秒かき混ぜてパスタをほぐす。

9

7のソースが常温にもどったところへ、ゆで汁を少し加える。

ソースがまだ熱くて、ジャーッという音がしちゃダメなんだ。ジャーッ＝水分が蒸発する音。水分が蒸発すると、入れたゆで汁が「乳化剤」にならず、ソースが分離しちゃう。

10

フライパンをゆする。ぐるりぐるりと回す。

火はつけずにフライパンをゆすって、回して、オイルとゆで汁をよーく混ぜます。よく混ぜ込むことで、油の粒子が細かくなって、水分を抱き込むのでとろりとしてくる。

11

ゆで汁を数回に分けて加え、ドレッシング状態にする。

ゆで汁を加え、ゆすって混ぜる――を3回ぐらい繰り返す。ゆで汁は最終的にオイルと同量程度入る。しっかり乳化させて、とろりとしたドレッシング状態にしよう。

12

パスタの湯をよくきって、ソースとあえる。

パスタに湯がたくさんついていると、ソースが分離しちゃうので、湯をよくきって。何回でもいうけど、火はついていません。トングなどでくるくると混ぜてソースをしっかりからめる。

13

バターを加えよう。ソースの乳化を助けてくれる。

指で少し溶かしながらバターを加える。さらに、くるくるとよく混ぜてパスタにソースをからめる。お好みで最後にイタリアンパセリやレタス、水菜なんかを加えてもいい。

14

ほら見てよ、盛りつけたあとの鍋には何も残ってないでしょ。

ソースが乳化して、パスタにしっかりくっついた証拠です。みなさんも、これを目指して作ってください。くどいようだけど、**6～13**のプロセスは、ずっと火をつけないで行うんですよ。

野菜とごまのアーリオ・オーリオ
Spaghetti all'Aglio Olio e Peperoncino con le Verdura e il Sesame

ごまの力を借りれば失敗なし！家でしか食べられない、とびきりのアーリオ・オーリオです

◉ ごまが「乳化」を助けてくれる

これもアーリオ・オーリオ、すなわち、にんにくと赤唐がらしオイルのソースです。このソースのパスタは、「油」と「水」をくっつけるわけだから、上手に作るのはプロでも難しい。だから**「乳化剤」を入れよう**、という話をP17でもしました。

バターやチーズを「乳化剤」として仕上げに入れると、アーリオ・オーリオのソースがパスタにしっかりくっついてくれます。イタリア料理店では、からすみ（イタリア名はボッタルガ）のパウダーもよく使う。おみやげにからすみをもらったようなときはすりおろして、にんにく唐がらし系のパスタに入れてみてください。完璧な乳化が起こって、とてもおいしくできるから。**ちょっと油分を含んだたんぱく質が「乳化剤」にうってつけ**なんです。

家庭なら、僕が断然おすすめするのはすりごま。よく台所にあるじゃない？使いかけの袋の口を輪ゴムでとめてあって、三角の茶巾みたいになっているのが。あれを使いましょう。すりごまを仕上げに入れることによって、すりごまが「乳化剤」になって、難関のはずのにんにく唐がらし系が、とっても**（驚くほど）うまくいく**んです。

◉ 残り野菜を食べるのにもうってつけ

ところで、アーリオ・オーリオのソースは“もと”であって、それだけでパスタを食うっていうことは、イタリアではまず、ありえません。それにこのソース、野菜とバツグンに相性がいいんです。

冷蔵庫を開ければ、どの家庭でも何か野菜が入っているはず。それを具にしましょう。なんでもいいよ。レタス、水菜、ちぎったルッコラ……生でも食べられる野菜なら最後にパッと加えればいいし。ブロッコリーやアスパラなら、パスタのお湯で一緒にゆでればいい。なすやトマトなら、オイルのソースに入れて温めればいいのさ。

冷蔵庫お掃除野菜スパゲティ、ごま風味。それのアーリオ・オーリオベース。あなどってはいけません。香ばしくて、ちょっと和テイストで、家庭だからこそ食べられる、とびきりおいしいパスタができますよ。

野菜とごまのアーリオ・オーリオ

材料（２人分）
スパゲティ……160g
水……３ℓ
塩……45g
〈にんにく唐がらしオイル〉
EXVオリーブオイル……60mℓ
にんにく……２かけ
赤唐がらし(半分に折って種を抜く)……½本
パスタのゆで汁……50〜60mℓ
すり白ごま……大さじ２
〈以下は目安。そのとき家にある野菜でOK〉
プチトマト……６個
アスパラガス……２本
ブロッコリー……¼株
長ねぎ(白い部分)……½本
水菜、ベビーリーフ、ルッコラ、ヤングコーン……各適宜

●野菜は食べやすく切る。アスパラガスとヤングコーンは斜めの一口大に、ブロッコリーは小房に分ける。長ねぎは斜めの薄切りに。

この仕上がりを目指そう

レタス系の野菜は、最後に加えてシャキッと歯ざわりよく。

トマトはちょっとくずれかけぐらいがおいしい。

すりごまの香ばしさがクセになるアーリオ・オーリオです。

1

アーリオ・オーリオの第一歩。まず、にんにくオイルを作る。
４等分に切ったにんにくとオリーブオイルを入れてフライパンを傾け、強火にかける。泡がたくさん出てきたら弱火に落とし、３〜４分かけて、にんにくの芯まで火を通しましょう。

2

火を止めて、少しおいてから赤唐がらしを入れる。
赤唐がらしを入れるのは、火を止めてオイルの熱がおさまってから。でないと焦げちゃうからね。投入後１〜２分たって、辛みがオイルに移ったら、赤唐がらしもにんにくも取り出そう。

3

火を通したい野菜は、先にソースに入れる。
プチトマトは半分に切って、にんにく唐がらしオイルに入れる。このときも、火をつけないこと。ソースの余熱で、野菜を温める程度でいいんです。

4

パスタをゆで始める。野菜も一緒にゆでる。
ソースのメドが立ったら、パスタをゆで始めよう。この湯に野菜も一緒に入れてゆでる。斜めに切ったアスパラやヤングコーン、小房に分けたブロッコリーなんかをね。

5

野菜は固いものから順に湯に入れる。
野菜は、パスタと同時に湯から上げるんだ。だから固いものから先にゆでるといいよね。固い野菜はパスタのボイルタイムの１〜２分前に、柔らかい野菜は最後のほうで加えよう。

6

パスタのゆで汁をソースに加える。火はついていないよ！

さぁ、「乳化」の仕事を始めるよ。3のフライパンにパスタのゆで汁を大さじ1〜1½加える。

7

ゆで汁を加えたら、フライパンをぐるりぐるりと回す。

ゆで汁を加え、柄を両手で握って、ぐるりぐるりとゆっくり回す。ゆで汁は何回かに分けて加え、最終的にオイルと同量程度加えます。とろりとしたドレッシング状態になればいいの。

8

パスタと野菜がゆで上がった。即、ソースのフライパンへ。

よーく水けをきって、ソースの鍋に加えてください。ほら見て。くどいようだけど、火はつけていないよ。パスタを加えたら、トングや菜箸でくるくるとかき混ぜてください。

9

すぐに火の通る野菜は、ここで投入。

斜めに切った長ねぎです。あとでごまを入れるから、和の野菜も合っちゃうのが、このパスタのうれしいところ。小松菜も白菜もアリですよ。

10

ジャーン、すりごま登場！

乳化剤のすりごまです。これが、アーリオ・オーリオのソースをパスタにしっかりくっつけてくれる隠し球。ごまだから、たっぷりめに入れてもおいしい。

11

くるくるくる。しっかり混ぜて、パスタとソースと野菜をあえる。

トングや菜箸で混ぜればいいんだよ。ヘタに鍋を振ろうとしないこと。こぼすからね。途中でゴムべらに替えて(鍋を傷めないようにね)、さらにくるくると混ぜてあえる。

12

生で食べられる野菜を投入。

野菜たっぷりがいいでしょ。水菜、ベビーリーフ、ルッコラなんかが冷蔵庫にあれば、仕上げにパッと加えてやればいいの。さぁ、できた。すぐに食べようぜ。

ボンゴレ
Spaghetti alle Vongole

あさりのうまみをパスタに吸わせるんです。4月、5月、6月に何度も作ってください

◉ 季節のものだよ、これは

アーリオ・オーリオのソース作りに慣れてきたら、絶対にトライしたいのはボンゴレでしょ？　食べたいでしょう！

おいしいボンゴレを作るコツ、それは**あさりのおいしい季節に作る**こと！以上、って感じだね。いや、ほんとにそうなのよ。

あさりの旬はもちろん春で、4月、5月、6月が出盛り。特に**ゴールデンウィークの頃のあさりは最高**。身がぷっくりふくらんで、うまみの凝縮したおつゆもいっぱい出てくれる。そのおつゆと、にんにく唐がらしオイルを合わせてパスタソースを作るわけで、ボンゴレはまさに旬の恵みですよ。だから、悪いけど、10月、11月、12月にボンゴレを食べたがる人は……（以下自粛します）。

◉ あさりのおつゆがソースになる

ワインでも水でもいい（1000円前後の安価なワインを入れるなら、水のほうがいいです）。あさりを入れた鍋に水分を加えて、ふたをして強火にかける。すると、音が聞こえてくる。パチパチ、パチパチという音が聞こえたら弱火にする。この間に、蒸気でヤツら（あさり君たち）が蒸されるわけね。蒸されて、ヤツらの味（おつゆ）が出る。

あさりによって、汁の出る量は違います。あんまり汁けが多くてシャバシャバしていると、パスタに均等にうまみがまわらない。だから、たくさんおつゆが出たときは、パスタを早めにお湯から上げて、ソースで少し煮る感じにするといい。

これ、炒めるんじゃないですよ。固めのパスタをソースで“ゆで煮する”感じだよ。このとき、水分ばかりが多いと、アーリオ・オーリオのソースは分離しやすいので、「乳化剤」として**オイルとバターを少し加える**。また、強い火だと、アーリオ・オーリオのソースは分離しやすいので、**中火で煮る**のもコツです。煮るといっても、40秒ぐらい（パスタを早く上げた分だけ）ね。

ボンゴレ

材料（２人分）
スパゲティ……160g
水……３ℓ
塩……45g
〈にんにく唐がらしオイル〉
EXVオリーブオイル……50〜60mℓ
にんにく……２かけ
赤唐がらし（半分に折って種を抜く）……１本
あさり……30個
水……30mℓ
EXVオリーブオイル……15mℓ
無塩バター……10g
イタリアンパセリ……適宜

- あさりは海水程度の塩水に浸し、ひと晩おいて砂出しをする。
- イタリアンパセリは細かく切るか、ちぎる。

この仕上がりを目指そう

あさりは最後に上にのせる。豪華に見えるし、これには理由があるんです。
あさりのソースがしっかりからんだスパゲティこそが主役！
ソースがシャバシャバしていない、この状態がおいしい。

1

アーリオ・オーリオの第一歩。にんにくオイルを作ろう。

４等分に切ったにんにく、オリーブオイルを入れてフライパンを傾け、強火にかける。泡が出てきたら弱火で３〜４分熱する。にんにくに竹串がホクッと軽く刺さるまで、じっくり火を通す。

2

火を止めて赤唐がらしを投入。お好きならパセリもどうぞ。

１の火を止めて、粗熱が取れてから赤唐がらしを入れる。細かく切ったイタリアンパセリを加えると、ソースがいっそう香りよく仕上がる。

3

あさりを入れますよ。

あさりはもちろん砂出しをしておく。殻と殻をこすり合わせて、よく洗ってから使います。写真では入れたままだけど、にんにく、赤唐がらしは、もう取り除いてもいいんですよ。

4

水を入れます。

お店にはいつもあるから、ワインを入れるんだけど……。このパスタのためにわざわざ開栓することはないです。あさりを蒸す水分が欲しいだけだから、水でもいいんです。

5

ここで初めて強火にかける。ふたをする。

ここから、火にかけるんですよ。ふたをして強火にかける。フライパンの中の音をよく聞いて。パチパチしてきたら火を少し弱める。音がしなくなったら、ふたを開けてみる。

6

あさりの口が開いていれば、火を止める。

ふたを開けて、あさりの口が開いていれば火を止めていいです。トングで突いても、まだ開かない貝があれば、再びふたをして少し火にかける。

7

口が開いたあさりは取り出しておく。

なぜあさりを取り出すか。パスタを入れたときに、ソースとあえにくいでしょ。あさりじゃなくて、あさりのソースのしっかりからまったスパゲティこそ、この料理の主体なんです。

8

あさりの蒸し汁に、オリーブオイルを少し加える。

オリーブオイルを大さじ1(15mℓ)ぐらい加えます。オイルを加えたら火をつけないままで、鍋の柄を両手で持ち、ぐるりぐるりとゆっくり回す。水分と油分を混ぜてソースを「乳化」させます。

9

あさりのおつゆとオリーブオイルの結合した、これがパスタソースなのよ。

うまさのギュッと凝縮したソースだよね。さて、ソースのメドが立ったので、パスタをゆで始めよう。

10

取り出したあさりは保温しておく。

ラップかアルミ箔で覆って、あさりが冷めないようにしておこう。ちなみにあさりをのせた皿は、パスタをゆでている鍋の上にのっけてます(湯気で温まるからね)。

11

パスタのゆだり具合をチェック。

1本すくって食べてみて、固さを確認。割り箸にナイフで切り目を入れた、落合考案のこの魔法の箸、1本すくえてすごく便利！

12

パスタを投入。くるくるとかき混ぜてソースを吸わせる。

あさりの汁がたくさん出たときは、パスタを40秒ほど手前(固め)で上げソースに加え、中火でほんの少し煮る。ソースの量がちょうどいいときは、火をつけずにパスタをソースであえる。

13

バターを加えよう。そのほうがおいしいからね。

バターを加えて、くるくるくると混ぜて仕上げる。いいねぇ、ほら、すごくおいしそうじゃない？

14

あさりを最後に上にのせる。

パスタを皿に盛ってから、上にあさりをのせるわけさ。このほうが食べやすいし、見た目も豪華でしょ！

トマトソースのバターパルミジャーノ
Salsa Pomodoro Burro e Parmigiano

トマトソースはトマトジュースで作ろう！最近、僕はそれをおすすめしています

● 家庭ならだんぜんトマトジュース

トマトソースを作ろう。**トマトジュースで作ろう**。1～2人分なら、**トマト缶で作るよりもだんぜん早い**！　それに簡単だし、おいしくできるんです。

いや、僕も長年ずっと、トマトのホール缶にこだわっていたの。だけど、いろいろなところで料理を教えていると、「トマト缶が1缶で足らなくて、もう1缶開けたらハンパに残っちゃった。これ、どうしたらいいんですか」みたいな声をよく聞くわけです。それでウームと考えて、思いついた。「トマトジュースでできるじゃん！」って。

元は同じトマトだもんな……と思ってね、塩の入っていないトマトジュースを煮詰めて、自分で作ってみたら、すごくうまい具合にできた。「あ、じゃあ、これのほうがいいじゃん！」と、気持ちがすっかり切り替わった。**ジュースなら余ったら飲めるし**、足らなきゃ好きなだけ足せるし、融通がきくでしょう。

だから今は、家庭でトマトソースを作るなら、おすすめはトマトジュース。プロはトマトのホール缶でやればいいんです。トマト缶のほうがコストが下がるからね。

● 煮詰めるとソースに変身する！

にんにくオイルを作って、そこへトマトジュースを加えて煮詰めます。最初はしゃばしゃばしているから、まだトマト“ジュース”ですよね。それを煮詰めていくと、水分はとんでいきます。**煮詰めることで蒸発するのは、ジュースの中の水分だけ**。トマトはとばない。だから、だんだんだんだんドロッとしてくる。料理教室で作って見せると、奥様方が「あら、トマトソースじゃない！」とおっしゃるのよ。見事にソースに変身してくれるんです。

でも注意してほしいんだけど、オイルが入っているから、ソースが分離しやすいですよ。油が浮いてくる。それをくっつける**「乳化剤」として、バターとパルミジャーノを**最後に入れます。これで口当たりがよくなって、コクが出て、いっそうおいしくなる。

トマトソースのバターパルミジャーノ

材料（２人分）
スパゲティ……160g
水……３ℓ
塩……45g
〈にんにくオイル〉
EXVオリーブオイル……50～60mℓ
にんにく……２かけ
トマトジュース(無塩)……400mℓ
塩……２つまみ
黒粒こしょう……適量
バジリコ……２枚＋飾り用
パルミジャーノ(すりおろす)……20g
無塩バター……10g

この仕上がりを目指そう
ジュースをしっかり煮詰めたソース。たらりとお皿のまわりに流れるようじゃダメだよ。

パルミジャーノは“追いがつお”。見えなくても味にコクを出してくれている。

トマトには バジリコの香りがよく合う。ベランダで栽培しているなら、こういうときに使わないと！

1

まず、にんにくオイルを作る。
４等分に切ったにんにく、オリーブオイルを入れてフライパンを傾け、強火にかける。泡が立ってきたら弱火にして、にんにくがきつね色になるまでゆっくり熱する。

2

火を止めて、トマトジュースを入れる。
いったん火を止めましょう。そのほうが落ち着いて仕事ができる。にんにくは焦げやすいから取り出すよ。そしたらトマトジュースを入れましょう。

3

強火にかけます。そして塩を加える。
ジュースを入れたら強火にかけます(冷たい食材を入れたら、火は必ず強火)。無塩のトマトジュースを使うから、ここで塩を加えますよ。

4

ジュースを沸騰させる。沸騰したら中火にする。
焦げるのを怖がって、ずっと弱火にしている人がいるけれど、水分がたっぷりある状態では絶対に焦げないので、中火で大丈夫。

5

ジュースが沸いたところで、パスタをゆで始める。
とにかく速いんだ。ジュースが沸いたら、中火であと２～３分煮込めば、とろみがついてソースになる。だからジュースがジュワッと沸いた段階で、パスタをゆで始めてOK。

6

ほら見て。とろ〜っとなったでしょ。ジュースがソースに変身！

中火で２分ぐらい煮詰めると、こんな感じになるわけよ。なめらかなソースでしょ。まわりが焦げやすいから、ゴムべらでフライパンの周囲をこそげながら煮るといいですね。

7

こしょうの香りがとても合うんです。

こしょうは香りでしょ？　香りはとぶから、料理の最後に加えるのが正解。

8

ソースの完成。火を止めます。

１人分200mlのトマトジュースが、100mlのソースになるぐらいに煮詰める。もっとリッチにしたかったら、１人分で300mlを100ml程度に煮詰めてもいい。

9

バジリコの香りもプラスしましょう。

トマトソースによく合うからね。バジリコは手でちぎったほうが香りがいいです。ハーブや野菜は包丁の金けを嫌うものも多いから、手でちぎるのがおすすめ。

10

ゆで上がったパスタをソースに加えます。

パスタの湯をよくきって、ソースのフライパンに入れます。入れたら、トングでくるくる、くるくると混ぜて、パスタにソースをよくからめてください。

11

ソースがからまったら、パルミジャーノをバサッ。

パルミジャーノはケチっちゃダメよ。「そんなに入れるの〜!?」って声が聞こえてきそうだけど、追いがつおと同じだよ。パルミジャーノ＝かつお節。うまみとコクの素なんだ。

12

バターも加えましょう。

パルミジャーノとバターが「乳化剤」となって、トマトソースとパスタをしっかりくっつけてくれる。バターでなく、オリーブオイルを加えても同じ効果があります。

13

最後に全体を一気に混ぜる。

もちろん火はついていませんよ。パルミジャーノとバターを一気に混ぜる。こうすると、「乳化剤」が溶けて、うまみが凝縮されたトマトのソースがパスタにしっかりからむ。

14

おいしそうに盛りつけよう。

パスタはトングでつかんで、高いところから皿の中に落とす感じで、何回かに分けて盛る。最後は皿の上でフライパンを傾けて、ソースのかたまりをゴムべらで落としてあげる。

スパゲティ・アラビアータ
Spaghetti all'Arrabbiata

トマト、赤唐がらし、にんにくのうまみを凝縮させたソース。バジリコとパルミジャーノ入りをぜひ試してみてよ

◉ 要は、にんにく唐がらしオイル＋トマトソース

アラビアータは、赤唐がらしの入った辛いトマトのソース。イタリア語で「アラビアータ」は「怒り」という意味で、食べると辛くてカッカと怒ったようになるから、この名前がついたっていうけど……。イタリアでアラビアータを食べても「ふ〜ん」という感じ。いうほど辛くないんだよ。

それよりも、**よく煮込んだソースには、トマト、赤唐がらし、にんにくのうまみが凝縮**されているでしょ。そのおいしさが、このパスタの人気の理由なんだと思う。

作り方は簡単。にんにく唐がらしオイルに、トマトのホール缶（あるいは、ホール缶と同量のトマトジュースでもいい）を入れて煮込むだけ。**アーリオ・オーリオとトマトソースを合体させたもの**と考えていいです。

◉『ラ・ベットラ』の人気パスタ、実は……

普通、アラビアータには、パルミジャーノやバジリコは入れない。そんなもの入れるのは**掟破り**なんです。常識的には、入れるの嫌なんですよ。ところが、僕はこの食べ方をシチリアで知った。

掟破りなんだけど、食べてみたら、これはこれでおいしいんです。辛みがあるのにまろやかで、バジリコのさわやかな香りが鼻に抜けて。で、「うまい！　これ、なんだ？」って聞いたら、「ディスグラツィアータ（残念）」と返ってきたので、僕はすっかり「残念なパスタ」という料理名だと思い込んでいたわけ。でも、あとで（というか、実は最近）わかったんです。「ディスグラツィアータ」は、「**お前、こういうパスタを知らないなんて、残念だな**」っていう意味だったと。

そんな隠れたエピソードもあって、このパスタ、『ラ・ベットラ』のメニューには「**ディスグラツィアータ**」の名前で登場させています。

スパゲティ・アラビアータ

材料（２人分）
スパゲティ……160g
水……３ℓ
塩……45g
アラビアータのソース★……150g

〈ディスグラツィアータにする場合〉
バジリコ……４枚
パルミジャーノ（すりおろす）
……20～30g

★アラビアータのソース（３～４人分）
〈にんにく唐がらしオイル〉
EXVオリーブオイル……50～60mℓ
にんにく……３かけ
赤唐がらし（半分に折って種を抜く）
……２本
イタリアンパセリ（みじん切り）
……適量
ホールトマト（うらごしタイプ）
……400mℓ
塩……２つまみ
EXVオリーブオイル……少々

◎ホールトマトと同量のトマトジュースで作ってもいい。

この仕上がりを目指そう

辛みがあるのにまろやか。実はパルミジャーノがたっぷり入っている。

さわやかなバジリコ入りが、今の時代には合う気がする。

お好きなら、仕上げにもバジリコを散らしましょう。

1

アラビアータのソースを作る。まずは、にんにく唐がらしオイル作り。
４～５等分に切ったにんにく、オリーブオイルを入れて、鍋を傾けて強火にかける。にんにくの小さなかけらは取り除く。焦げやすいからです。

2

泡が出てきたら弱火にして、にんにくをじっくり炒める。
竹串がホクッと軽く刺さるようになるまで、にんにくをじっくり炒めて香りを出す。にんにくに色がつかないと、オイルに香りがつかないよ。きつね色にしてくださいね。

3

弱火にかけたまま、赤唐がらしを入れます。
赤唐がらしを投入。アラビアータは辛みがおいしいんだから、赤唐がらしの辛みをしっかりオイルに移したい。だから弱火にかけたままでいいんです。

4

赤唐がらしの色が濃くなったら、パセリを投入。
赤唐がらしは焦げる寸前まで（だけど焦がしちゃダメよ）弱火で炒める。そしたら今度はここに、イタリアンパセリのみじん切りを加える。

5

ホールトマトを加える。やけどしないように気をつけてね。
にんにく唐がらしオイルは、かなり熱くなっている。そこへ冷たい（常温の）トマトが入ると飛び散ることがあるから注意して。冷たい素材を入れたら強火にする、が料理の鉄則。

6

強火でトマトを煮て、沸いたら弱火にする。

ときどき混ぜながら弱火で煮込んで、トマトの水分をとばしてやります。煮込むことで、トマトや赤唐がらしやにんにくのうまみが、ソースに出てくれるわけだね。

7

ソースを弱火で煮ながら、パスタをゆで始める。

ソースがとろんとしてきたら、パスタをゆで始めます。アラビアータのソースは冷蔵庫で2〜3週間の保存が可能。多めに作っておいてもいいんです。

8

ソースに塩を加えましょう。

塩は水分があるから溶けるんです。だから水分が残っている段階で加えたい。ちなみに味見は、塩を加えて2分ぐらいおいてからする。でないと塩が全体に溶けていないからね。

9

こんなふうに鍋底が見えるようになったら、火を止める。

弱火で煮続けると、ソースが煮詰まってとろみがつく。すると、ゴムべらをスーッと引いたときに鍋底がしっかり現れる。鍋底がソースですぐに隠れない、この状態になったら火を止めよう。

10

オリーブオイルをちょっと加える。

オリーブオイルはうまみ調味料。加えるとコクが出ます。ソースがまだボコボコいってるけど、これは鍋の余熱です。もう、火はついていませんよ。

◉ここまでがアラビアータ

11

◉ここからがディスグラツィアータ！

バジリコをちぎって加えます。

ここからがアラビアータの進化形、「ディスグラツィアータ」のプロセスになります。まず、バジリコが入るんだ。涼しい、いい香りがする。

12

次にパルミジャーノをバサッ。

バサッ、というか、ドサッかな。騙されたと思って、たっぷり入れてください。そのほうがおいしいから。

13

ゆで上がったパスタを加えて、あえる。

パスタの湯をよくきって、ソースの中に加えます。火はついていません。トングでくるくると混ぜましょう。イタリアの家庭なら、これを食卓の上でやるんですよ。

14

仕上げに再びパルミジャーノをドサッ。

パスタにソースがよくからんだら、最後にまたパルミジャーノをドサッと入れて、トングでよくあえる。これで完成。みんなで取り分けて食べるのも楽しいよね。

ツナトマトソース　木こり風
Spaghetti alla Boscaiola

たっぷりきのこ+ツナの具だくさんパスタ。こういう煮込み系の味のベースは「炒め玉ねぎ」

◉ ソフリットという単語、覚えてください

トマトソースの煮込み系パスタ、みんな、好きでしょう？　たっぷりのきのことツナの入った、このパスタを僕らは「**ボスカイオーラ**」とイタリア語で呼んでいる。ボスカイオーラとは、**木こりのこと**。きのこがドッサリ入ります。

ソースの**ベースは炒め玉ねぎ**です。玉ねぎの薄切りをオリーブオイルでよく炒める。最初に強火で炒めていくと、玉ねぎから水分が出てピチピチいいます。そうしたら弱火にして、玉ねぎがクリーム色に色づいて、とろんとしてくるまで炒めるんです。「焦がす」と「色をつける」は違いますよ。ゴムべらで鍋に玉ねぎを広げてあげて、焦がさないように、ていねいに炒めてください。

玉ねぎに限らず、野菜をこんなふうにじっくり炒めると、野菜の甘みとうまみが凝縮されます。これを“**ソフリット**”と呼んで、イタリア料理、スペイン料理、フランス料理では、**ソフリットを煮込み料理などの味のベースとして使う**（P52の「ミートソース」でも“ソフリット”が登場するよ）。

◉ イタリア料理のルールが２つ

イタリアの昔の料理レシピでは、“玉ねぎ＝にんにく”なんです。**玉ねぎを使うときは、にんにくを入れない**の。それとイタリアでは、昔は赤唐がらしは黒こしょうの代用品だった（黒こしょうは高価な稀少品で、それで戦争が起きたぐらいだからね）。だから**黒こしょうをきかせる料理には、赤唐がらしは入れません**。とはいえ、今は好みで両方入れたりもしますけどね。赤唐がらしで辛みを、こしょうで香りをつけたりね。

僕はボスカイオーラに、アンチョビ（隠し味）、オリーブ（味出し＆味のアクセント）も入れます。あればケッパーも入れていい。アンチョビ、オリーブ、ケッパーは日本の台所における、みそやみりんと同じ。イタリアではどの家庭にもある“調味料”なんです。

ツナトマトソース　木こり風

材料（２人分）
スパゲティ……160g
│水……３ℓ
│塩……45g
ボスカイオーラ★……150g
イタリアンパセリ(みじん切り)
……適量

★ボスカイオーラ（３〜４人分）
玉ねぎ(薄切り)……小２個
アンチョビ(フィレ)……３切れ
オリーブ(種なし。黒でも緑でもいい)
……６粒
しめじ(手で縦に裂く)……２パック
ツナ缶……小２〜３缶(約150〜200g)
ホールトマト(つぶしたもの)
……400〜450g
塩、黒粒こしょう、
EXVオリーブオイル……各適量

- しいたけ、まいたけ、マッシュルーム、なめこなど、きのこは好きなものをたっぷりと。
- ホールトマトと同量のトマトジュースで作ってもいい。

この仕上がりを目指そう

ソースがとろんとしている。トマトの水分がお皿のまわりに流れてくるようじゃダメなんだ。

ツナはなるべくくずさない。

仕上げにイタリアンパセリを散らして香り＆彩りよく。

1

玉ねぎの薄切りをクリーム色に炒める。

鍋にオリーブオイル大さじ３ぐらいをひき、玉ねぎをゴムべらで全体に広げて炒める。初めは強火。ピチピチいい始めたら火を弱めて、クリーム色になるまで炒めよう。

2

アンチョビを加える。

玉ねぎの水分がとんだら、包丁で細かくたたいたアンチョビを加える(アンチョビペーストを使ってもいいよ)。アンチョビを加えたら、焦げやすいので混ぜながら炒める。

3

オリーブを加える。

刻んだオリーブを加える。オリーブは具というよりも、味出しの調味料として使う。黒でも緑でも、両方使ってもいい。食べ残したのが冷蔵庫にあったりするでしょ。それを使いましょうよ。

4

しめじを加える。
しめじは手で縦に裂いていますよ。

好きなきのこでいいですよ。きのこは軸をつけたまま、手で縦に裂くと香りが出ます。きのこを加えたら、ゴムべらで軽く混ぜて炒める。

5

ツナを加えます。
缶汁も加えましょう。

煮込むとどうしてもくずれるから、ツナは特別ほぐさなくていい。缶から出して、自然にほぐれている程度でいいんです。ツナを加えたら、次に缶汁も加えましょう。

6

見て。かき混ぜるときは、まわりからゴムべらを入れるんだよ。

ツナを加えたらかき混ぜる。見てください、中のツナをくずそうとしていないでしょ。鍋のまわりのところが焦げやすいから、ここにゴムべらを入れてかき混ぜるんです。

7

ホールトマトを加えて、強火にかける。

ホールトマトをボウルに移してから鍋に加える。同じボウルに水を大さじ３ぐらい入れて、ボウルにくっついたトマトを洗いながら鍋に加える(ジュースで作るときは水は不要)。

8

中火で煮込んだら、塩をパラパラ。

最初は強火で煮る。トマトのしゃばしゃばがなくなってきて、水分がある程度とんだら中火で煮込む。全体がなじんだら味見して塩を加える。アンチョビが入っているから、塩は加減して。

9

ソースのメドが立ったので、パスタをゆで始める。

ツナは缶詰だから、そのままでも食べられるわけだしね。ソースに材料がすべて入って、あとは煮込むだけだから、もうパスタをゆで始めてよし。

10

こしょうをひきます。
これは「辛み」のこしょう。

ここでこしょうを入れるのは、ソースに辛みをつけるため。香りのためのこしょうは、最後にもう一度ふるんです。ソースは中火で煮込み続けます。

11

ほらほら、とろんとして、おいしそうになってきた。

煮込んでいる間にもう一度味見をして、足りなければ塩少々を加え、中火で煮続けます。まだまだ煮るよ。みなさんはたいてい、ソースを煮詰めなさすぎです。できあがったパスタをお皿に盛ったとき、トマトの透明な水分がお皿のまわりに流れてくるのは、ソースの水分のとばし方が足りないんだ。

12

そろそろ最終段階。
「香り」のこしょうをひく。

ゴムべらでスーッとかいたとき、鍋底が一瞬見える——というところまできたら、ほとんど煮込みの最終段階。香りのためのこしょうをひきます。

13

これがソースの完成です。

最後にオリーブオイルをちょっと加え、コクを出すと同時にソースの乳化を促します。火を止めて全体をよく混ぜる。使わない分のソースは取り分けてから、鍋でパスタとあえて皿に盛る。

生ハムとアスパラガスのクリームパスタ
Spaghetti alla Panna con Prosciutto crudo e Asparagi

煮詰めたクリームがソースになるわけです。煮詰めたいから、生クリームに牛乳を足すんです

◉ プロが使うのは乳脂肪分 30%

クリーム系のソースはね、「生クリームを煮詰める」ことでソースになるんです。だから、**どんな生クリームを使うか**が、非常に大きな問題なの。

マーケットには乳脂肪分が45%前後の生クリームがあって、そっちのほうがリッチでうまいソースができると、みなさんは思うかもしれない。だけど、**僕たちプロが使うのは、乳脂肪分 30 % の生クリーム**なんです。30〜32%っていうやつなんですよ。なんでかっていうと**煮詰めたい**から。生ハムやサーモンなどの具を炒めて、そのおいしさと香りを生クリームに移したいんです。そのために少し煮詰めたいんですね。煮詰めるということをしないと、味がまとまらない。

乳脂肪分45%前後の生クリームというのは濃厚で、そのままですでにソースみたいな状態です。煮詰められないんです。「45%前後の生クリームのほうが買いやすいのに、それじゃ私たちはどうすればいいの？」という質問が料理教室で必ず出ます。だから僕はいつも答えを用意しています。「**牛乳で割ってあげるんですよ**」

たとえば**45%前後の生クリームが 2、牛乳が 1 ぐらいの割合で合わせる**。するとフライパンの中でだいたい30%になります。しゃばしゃばになる。それを煮詰めることによって、ソースに仕上げることができるわけです。

◉ 具は香りを出すためのもの

このソースの具は、生ハムかスモークサーモンかベーコンか。マッシュルームなどのきのこも相性がいい。いずれも香りのよいものです。**クリーム系ソースの具には、煮ると香りの出るもの**が向くんです。

生ハムもスモークサーモンも、安価な切り落としで充分。イタリアでは昔から、生ハムとグリンピースの取り合わせが好まれています。グリンピースの代わりに、一年中あるアスパラをコロコロに切って入れることも、僕はよくします。

生ハムとアスパラガスのクリームパスタ

材料（２人分）
スパゲティ……160g
　水……３ℓ
　塩……45g
オリーブオイル……大さじ1
生ハム……50g
マッシュルーム……５個(20g)
アスパラガス……４本
生クリーム(乳脂肪分30％台)
　……300mℓ
または A
　生クリーム（乳脂肪分40％台）
　……200mℓ
　牛乳……100mℓ
塩……適量
白粒こしょう……適量
パルミジャーノ(すりおろす)……20g
無塩バター……20g

この仕上がりを目指そう

クリームがしっかり煮詰まっていて、具のうまみや香りが移っている。

生ハムは食べるというより、香りとうまみをソースにつける材料。

緑の野菜が入ると、見た目がグッとすてきになる。

1

生ハムを細切りにして、オリーブオイルでゆっくり炒める。

生ハムを炒めます。最初は強火、脂がにじんできたら弱火で炒めて、生ハムの香りを引き出します。よく炒めるんだけど焦がしちゃダメよ。ソースが焦げ色になっちゃうから。

2

生クリーム（またはA）を加える。中火にする。

生クリームは焦げやすいので、中火で煮よう。ほら、生ハムを炒めた油(＝うまみと香り)が、クリームにみるみる溶けていくでしょう。これがソースのベースになります。

3

薄切りにしたマッシュルームを加える。

マッシュルームも香りがよくて、クリーム系のソースによく合います。炒めずに直接入れていいんですよ。煮込むと、切った断面から香りが出て、それがソースに移ってくれる。

4

フツフツしてきたら弱火にして、塩をふる。

生ハムの塩分がきいている、そのことをふまえて塩を加える。ただ、クリーム系のソースは塩けが弱いと食べてて飽きる。しっかりとした味をつけましょう。

5

このソースは焦げやすいので、混ぜながら煮詰めます。

ソースが一番焦げやすいのは、鍋のまわりのところ。だから、ここにゴムべらを入れて、かき混ぜてあげる。だいたい⅔量になるまで、弱火で静かに煮詰める。

6

こしょうをひきます。これは白こしょう。

黒こしょうでもいいんだけど、白いソースだから白こしょうを使っています。見た目のきれいさっていうのも、料理は大事だからね。

7

最初の2/3量ぐらいまで煮詰めれば、ソースの完成。

ソースができたら、火を止める。パスタをゆで始めよう。このソースは速くできるから、慣れたらパスタをゆでる間にソースを作ってもいいですよ。

8

パスタのゆで上がり1分前に、アスパラを加える。

アスパラを1.5cm長さにコロコロに切って、パスタをゆでている鍋でゆでる。季節なら、グリンピースやそら豆でもいいよ。緑が入ると、仕上がりがとてもきれいだし、食べていて楽しい。

9

ゆで上がったパスタとアスパラを、ソースに投入。

フライパンに火はついていませんよ。パスタはソースであえるだけ。ソースの中で煮たりしません。なので、きちんと(食べておいしい)アルデンテにゆでてください。

10

パルミジャーノを加えます。

チーズを入れたほうが、コクが出ておいしいです。パルミジャーノはおろしたてを使ってくださいね。香りも風味もだんぜんいいので。ちなみに、作っている途中で「ソースが固いな、煮詰めすぎだな」と感じたときは、**9** ～ **12** のどこかで大さじ1(2人分で)の水を加えてあげましょう。

11

バターも加えましょう。

これも、入れたほうがグッとおいしくなるし、パスタとソースをくっつける「乳化剤」の役目をしてくれる。ちなみに料理に使うのは塩けの入っていないバターが好ましいです。

12

全体を混ぜる。

トングをくるくると回して、ソースとパスタをよくあえる。はい、できあがり。

えびのトマトクリームパスタ
Spaghetti alla Panna Pomodoro e Gamberi

クリーム系パスタ嫌いを返上させるトマトソース入りの大人のパスタ

◉ 塩分をちゃんとつける、も鍵

クリームのソースって、「途中で飽きちゃう」とか「実はあんまり好きじゃない」っていう人が、わりといるんです。特に大人の女性に多いみたいね。彼女たちは「味が単調」で、「クリームがしゃばしゃばしているのがどうも……」なんていうんだけど、そういうパスタを食べているから好きになれないんですよ。

「生ハムとアスパラガスのクリームパスタ」の作り方（P42）でも触れたけれど、**しっかり煮詰めたクリームソースはうまいし、塩分をちゃんとつけてあげると飽きない**のよ。

生クリームを煮詰めて、塩、こしょうで味をつけて、パスタをあえて、パルミジャーノとバターを加えただけの「パンナパルミジャーノ」っていう白いパスタがあるんだけど、具が何も入らないんだけどさ、それのうまいこと！　僕はこういうシンプルなパスタをイタリアで食べて、イタリア料理のとりこになったんだ。たぶん、みなさんも好きだと思うよ。要するに、うまいクリーム系パスタを食べていないだけなのよ。

◉ 隠し味にウスターソース、薬味に万能ねぎ

クリーム（パンナ）のソースに、トマト（ポモドーロ）のソースをポトンと入れてやると、ピンクのソースができる。イタリア名は「**パンナポモドーロ**」。**クリーム＋トマトのソースです、これがまたおいしい**。色もきれいだし、一度食べるとクセになる味です。ぜひ作ってみてほしい。

具は、今回はえび。隠し味にウスターソースを少し使いました。こうすると、えびのクセが消えて、ソースの味に深みが増して、まさに大人の女性が喜ぶパスタができる。日本人の大好きなえびですから、日本の細いねぎの小口切りを仕上げに散らしましょう。味がキリッと引き締まってくれる。薬味って大事だよ。

このパスタ、**サーモンで作ってもいい**んです。サーモンなら、仕上げにディルを散らしてあげる。サーモンとディルはすごく合うから。ねっ、薬味も大事なんだよ。

えびのトマトクリームパスタ

材料（２人分）
スパゲティ……160g
水……3ℓ
塩……45g
むきえび……20尾
マッシュルーム……10個ぐらい
オリーブオイル……30mℓ
無塩バター……15g
生クリーム（乳脂肪分30％台）
……300mℓ
または A ［生クリーム（乳脂肪分40％台）
……200mℓ
牛乳……100mℓ
ウスターソース……小さじ⅓
トマトソース★……大さじ2
塩、白粒こしょう……各適量
パルミジャーノ（すりおろす）
……20〜30g
無塩バター（仕上げ用）……5g
万能ねぎ……適量

★トマトソースは、トマトジュースを半量程度に煮詰めて作る（P30参照）。あるいはトマトジュース50mℓをプロセス4で加えて、生クリームと一緒に煮込んでもいい。
●万能ねぎは小口に切り、水にさらす。

この仕上がりを目指そう

えびにほどよく火が通っていて、プリッとしている。

ソースがしっかりパスタにからまっている。つまり、ソースがしっかり煮詰まっている。

仕上げに万能ねぎを散らすと、味が引き締まっておいしい。

1

えびに塩をふって、1〜2分おく。
えびは冷凍でいいですよ。よく洗って水けを拭き、背に切り目を入れて背わたを取ってあげる。塩をふって1〜2分おくのは、そうしないと塩が溶けて浸透しないから。

2

オイルとバターで、えびをサッと炒める。
クリーム系ソースは沸いて噴き出しやすいので、深さのある鍋を使うのがベター。オリーブオイルをひき、バターを溶かして、えびを投入。色が変わる程度に強火でサッと火を通す。

3

えびはいったん取り出す。
えびに半分ぐらい火が通ったら（中はまだ半生状態）取り出します。イタリアでは鍋に入れっぱなしなんだけどね、僕たち日本人はえびのプリッとした食感が欲しいでしょ。

4

鍋に生クリームを投入。
えびのうまみと香りが残る鍋に、生クリーム（またはA）を入れて強火にかけます。クリーム系のソースはすぐできるから、このあたりでパスタをゆで始めよう。

5

隠し味にウスターソースを。
これでえびのクセが消えて、ソースの味に深みが出ます。だからかな、このパスタを食べた人は「大人っぽい味がして好き」って言うんです。

6

塩を加えて少し煮る。

味見をして、塩小さじ$\frac{1}{3}$程度を加えます。そうしたら塩が溶けるまで少し煮る。くどいようだけど、生クリームは焦げやすいし、沸騰しやすいので、ゴムべらで混ぜながら煮てくださいね。

7

マッシュルームを加えましょう。

マッシュルームは縦に少し太めにスライス。口当たりを残したいなら、もうちょっとあとで入れてもいいんだけど、マッシュルームの香りを出したいなら、この時点で鍋に入れよう。

8

トマトソースを加えます。

大さじ２ぐらいです。あくまでもクリームが主体で、トマトソースを少し加える、そのバランスがおいしいのよ。辛みが欲しいので、ここでこしょうをひいてください。

9

沸くまで強火、沸いたら弱火で煮る。

煮詰めることで、クリームやトマトや具のうまみが凝縮されて、おいしいパスタソースになるんです。最初の$\frac{2}{3}$量ぐらいになるまで煮詰めましょう。

10

ソースができたら、えびを戻し入れて火を止める。

火を止めてもソースがアツアツだから、余熱でえびに火が通る。それで、えびがちょうどよく仕上がるんです。もう終わりまで、ソースの鍋に火はつけません。

11

パスタを投入。
ひと混ぜして、チーズをドサッ。

パスタをゆで、湯をよくきって鍋に加えます。トングでひと混ぜしたら、パルミジャーノをたっぷり加える。これでさらにうまくなるし、ソースがからみやすくなる。

12

バターも入れましょう。

バターも入れよう。コクが出るからね。バターは料理を始めたら最初に切っておくといい。室温で少し柔らかくなったのを、指でつぶしながら加えると溶けやすいです。

13

トングでくるくるかき混ぜる。

トングでくるくると鍋中をかき混ぜて、スパゲティにソースをしっかりからめます。皿に盛りつけたとき、鍋中にソースがほとんど残らないようにね。

カルボナーラ
Spaghetti alla Carbonara

火からおろす↓混ぜる↓火にかける↓火からおろす↓混ぜる……を繰り返して、とろっとろに仕上げる

◉ 火のついていない状態から卵液をからめる

みなさんが**カルボナーラを失敗するのは火加減**です。火の通し方にコツがある。でも、僕がやる通りに作れば何も難しいことはないし、絶対に失敗しないはずです。

そもそも、カルボナーラの作り方を知ってますか？

1. パンチェッタかベーコンを炒める。脂が出たら、もうそこで、**フライパンの火を止めてしまう**。**2.** 次にパスタをゆで始める。パスタのゆで汁を、火のついていないフライパンに加えて、脂と水分をよく混ぜる。これがソースの“味のベース”になります。**3.** ボウルに卵液（卵＋パルミジャーノ＋黒こしょう）を混ぜる。**4.** ゆで上がったパスタを火のついていないフライパンに加えて、ソースの“味のベース”をからめる。**5.** 卵液を加える。**火がついていないから卵が固まらない**。しゃばしゃばのパスタになる。**ここでやっとフライパンに火をつけるんです**。

◉ 火からおろす＝鍋の温度を下げる

フライパンに火をつけました。火加減は中火です。**6.** 中火にかけていると、鍋底のほうの卵液が固まってくる。**そうしたらフライパンを火からおろして混ぜる**。**7.** 混ぜたらしゃばしゃばになるから、また火にかける。**8.** 火にかけるとまた固まってくるから、火からおろして混ぜる。またかける。またおろす……と何回か同じことを繰り返す。

こうして、とろーっとして、ちょうどいい感じの、自分の好きな固さになりかけた、その“一歩手前”で火を止める。余熱でさらに卵が固まりますから、“一歩手前”で火からおろすんです。

つまり、**火にかけたり、火からおろしたりして、フライパンの温度（余熱）を冷ましながら、卵液に火を入れていく**わけです。「へーっ、そうだったの！」とみなさんの驚いてる様子が伝わってくるけど、これね、悪いけどテレビで50回以上やってるぜ、俺。今度こそ、この本を見ながら何度でも作って、カルボナーラ名人になってくださいよ。

ちなみに、カルボナーラ作りには、シリコンのゴムべらが必須です。

カルボナーラ

材料（２人分）
スパゲティ……160g
｜水……３ℓ
｜塩……45g
オリーブオイル……15mℓ
パンチェッタ（またはベーコン）
……80g
パスタのゆで汁……大さじ１
全卵……２個
卵黄……２個分
パルミジャーノ（すりおろす）
……30g
黒粒こしょう……適量

- プロセス**3**でゆで汁を少し加えて味をみて、しょっぱいときは、水を足してもいい。
- 子どもと一緒に食べるときは、プロセス**5**で黒こしょうを入れない。その代わり、仕上げに大人の皿にだけ、黒こしょうをたっぷりひこう。

この仕上がりを目指そう

卵が固まっていない。トロリとクリーミィ。

パスタも固まっていない。１本１本にソースがからまっている。

パンチェッタ（ベーコン）はカリッとしている。焦げていない。

1

パンチェッタを炒める。
パンチェッタを５㎜幅の拍子木切りにして、オリーブオイルで中火で炒める。フライパンから煙が出たら温度が高すぎ。鍋を火から外し、温度が下がったら、また火にかけるようにします。

2

パンチェッタをよく炒めて脂を出す。
パンチェッタでもベーコンでも、炒めると脂が出る。この脂が料理の"味のベース"になります。カリカリに炒めたら火を止めて、パンチェッタは取り出します。パスタをゆで始めよう。

3

鍋に残った脂に、パスタのゆで汁を加える。
フライパンの熱が取れたら、パスタのゆで汁を加えます。ゆで汁は鍋中の脂と同量程度加えればいい。こうして、鍋の焦げ（＝うまみ）を落とすわけです。この時点で火はついていませんよ。

4

卵液を用意する。
１人分で、全卵１個＋卵黄１個分、パルミジャーノ15g。２人分なら、全卵２個＋卵黄２個分、パルミジャーノ30g。これが僕のカルボナーラのレシピ。

5

黒こしょうをひいて加えます。
こしょうはひきたてにかぎります。カルボナーラ（炭焼き職人のパスタ）の名前の由来ですから、苦手でなかったら、たっぷりめに入れたいところ。

6

フォークで全体をよく混ぜる。

卵＋パルミジャーノ＋こしょうをフォークでよく混ぜます。パスタをゆでている間に、これぐらいはできるでしょ。ちなみに、さっきのフライパンは放っておくのよ。

7

パスタがゆで上がりました。フライパンに加えよう。

パスタがゆで上がりました。火のついていない**3**のフライパンに加えます。まずはフライパンの中の“味のベース”を、パスタ全体によくからめる。

8

さっき作った卵液を全部加えます。

卵液を加えます。でも、固まらないんですよ。火をつけていないし、フライパンはもう冷めているから、卵液を加えても固まらないんです。その卵液をパスタ全体に混ぜます。

9

卵液を混ぜたら、火をつける。中火です。

卵液を混ぜると、しゃばしゃばのパスタができる。で、ここでやっと火をつける。中火にかけます。しばらく中火にかけておくと、下のほうの卵液が固まってくる。そうしたら……。

10

フライパンをゆすりながら、固まった卵をほぐす。

底のほうの卵が固まってきたら、フライパンをゆすりながら、固まった卵をゴムべらでほぐしてあげる。

11

火からおろして、混ぜる。

ほぐしても、火にかけ続けていれば、卵液がすぐに固まってしまいます。なので、固まりかけたらフライパンを火からおろす。火から外して、かき混ぜる。すると……。

12

混ぜるとしゃばしゃばになるから、火にかける。

混ぜると、また卵液がしゃばしゃばになる。だから、また火にかける。火にかけて、卵が固まってきたら、また火から外してかき混ぜる。これを何回か繰り返すと……。

13

とろーっとした、ちょうどいいカルボナーラになる、その“一歩手前”で火からおろす。

つまり、火にかける、火からおろしてかき混ぜる——を繰り返して、自分の好きな固さに仕上げればいいんです。パンチェッタは仕上げにのせましょう。

ミートソース
Ragù

ミートソースは肉料理。とにかく肉に触らず、ふっくらと仕上げるんです

● 西洋料理の煮込みのもと＝ソフリットが味のベース

ミートソースには**まずソフリットが必要**です。ソフリットとは、細かく切った野菜をじっくり炒めて水分をとばして、甘みやうまみを凝縮させたもの。玉ねぎだけのソフリットもあれば、数種類の野菜を炒め合わせたソフリットもある。西洋料理では“**煮込みのもと**”として使います。

野菜のみじん切りはフードプロセッサーでやればラクでしょ。多めの油を熱して、温まったら野菜を入れて、あまり混ぜないで、揚げるような感じで野菜に火を通す。野菜がしんなりしたら弱火にして、最初の⅓量ぐらいになるまで、じっくり炒めます。時間はかかるよ。だからソフリットは多めに作って、小分けにして冷凍しておくといいんです。シチューやパエリアを作るときなんかに入れると、本格的な味になる。

● ミートソースは肉料理

僕はみなさんに、ミートソースの概念を変えていただきたいんです。**ミートソースは「細かい肉」の煮込み料理**です。ソースが完成したときに、ひき肉がカスみたいになっていちゃダメなの。**ひき肉を肉としておいしく仕上げたい**んです。

ポイントは、**とにかく触らずに肉を焼く**こと。みなさんは焦げつくのが怖いから、肉がまだ冷たいうちから、さかんにかき混ぜるでしょ。それをすると肉がつぶれて、肉汁が出て、うまみが流れ出てしまう。大丈夫ですよ、意外に鍋にくっつかないものだから。肉がダマになってもいいじゃない。**ダマになっているぐらいのほうがおいしい**よ。

触らないようにしてしっかり焼くと、肉が縮まずに、肉の水分だけがとんで、うまみのかたまりみたいなホクッと焼けた肉になる。そこへソフリットを入れて肉をさらに焼きつけ、ワインを加えて肉の焦げつきを落として“うまみ”に変え、ホールトマトを加えて、それぞれのうまみを肉に含ませながら煮込んでいく。うまいですよ、このソースは実際。

ミートソースはひと晩ぐらいおいて、味をなじませてから食べたほうがおいしいです。だから時間がかかるから、多めに作らないとツマラナイよね。もちろん冷凍もできます。

ミートソース

材料（2人分）
スパゲティ……160g
水……3ℓ
塩……45g
ミートソース★……150g
パルミジャーノ(すりおろす)……20g
無塩バター……10g

★ミートソース（4〜5人分）
牛ひき肉……600g
塩……小さじ1/3
オリーブオイル……大さじ4
ソフリット★★……100g
ホールトマト(うらごしタイプ)……600mℓ
赤ワイン……200mℓ
ローリエ(できれば生)……1枚
塩……小さじ1/2
黒粒こしょう……適量
★★ソフリット
玉ねぎ……180g
にんじん、セロリ……各60g
オリーブオイル……大さじ2

●ミートソースが冷めて固くなったら、水を加えてのばしながら温める。

この仕上がりを目指そう
ひき肉がホクッとして「肉」としておいしそう。いや、実際おいしい！
ソースは水っぽくない、脂っぽくもない。
パスタとからめるときに、パルミジャーノ＋バターでさらにコクを加えよう。

1

まずはソフリットを作る。
野菜をみじん切りにして、オリーブオイルをひいたフライパンで炒める。最初は強火、野菜がしんなりしたら弱火にして、1/3量になるまで、20分ぐらいかけてじっくり炒める。

2

下味をつけたひき肉を焼く。
牛肉は塩をふって5〜10分おく。鍋にオリーブオイルを熱し、肉を入れる。ゴムべらで広げて厚みを均等にしたら、強火にかけて触らずに放っておく。炒めるというよりも“焼く”感覚。

3

香ばしい香りがしてきたら、焼き色を確かめる。
鍋底にゴムべらを入れ、肉をこそげるように裏返して、焼き色がついているかどうか確かめる。こんなふうにたまに裏返すだけにして、なるべく触らずに肉を強火で焼くんです。

4

とにかく放っておく。肉に触らない。
かき混ぜないとダマになる？　ダマになってもいいじゃない。ダマのほうがリッチでしょ。肉の水分が出てきても、強火にかけて放っておいて、そのまま水分をとばしましょう。

5

肉の水分がなくなるまで、強火で焼き続ける。
くどいようだけど、できるだけ触らずに強火で肉を焼くんだよ。最終的には肉の中のほうまでちゃんと火が通っていて、鍋の中に脂分も水分もほとんどないような状態にする。

6

1で作ったソフリットを加えます。

ソフリットを加えます。火は全開。鍋の底がジャーといって「焦げちゃうんじゃないか」というくらいになったら……。

7

赤ワインをまわりから回し入れる。そしたら、音をよく聞いて。

ジャーッというでしょ。これが大事。水分がほぼなくなって、鍋が熱くなっていた証拠で、こうでなくちゃいけないんだ。そこまで肉を焼くかどうかで、おいしさに差が出る。

8

強火でグツグツ煮ます。

ワインを入れるのは、鍋に焦げついた肉の焦げを、ワインの水分で落として"うまみ"に変えるため。強火でずーっと煮続けて、ここでワインの水分をしっかりとばす。

9

音を聞いて。パチパチいってきたでしょ。

パチパチいってるのが、チーという甲高い音に変われば、水分がなくなって脂分が多くなってきた証拠。「さっきのワインはどこ?」という感じでしょ。こうなったら混ぜる。

10

ホールトマトを加えましょう。

ワインの水分がなくなったところで、ホールトマトを加えます。ザッとかき混ぜたら、ローリエも切り目を入れて加えます。

11

水を少し足そう。

これから長時間煮込むので、ホールトマトの水けが少ないと感じたときは、ここで水を150～200mℓ足してください。

12

塩、こしょうで味つけして煮込む。

沸騰したら弱火にして味つけし、ときどきかき混ぜる程度にして、あとは静かに30～40分煮込む。全体がとろりとしてきたら完成。常温になるまで冷まして、味を落ち着かせよう。

13

パスタにソースをからめる。

食べる分だけミートソースを温めます。パスタをゆで始める。ゆで上がったパスタをミートソースの鍋に加えて、パルミジャーノ、バターを加えてあえ、器に取り分ける。

Antipasti

オリーブオイルって、生のジュースなんですよ。オリーブオイル＝オリーブジュース。ごま油、大豆油、菜種油、ピーナッツ油……植物油はたいてい種子から搾ります。ところがオリーブオイルは実を搾る。果汁なんです。そう考えれば、「果汁か。っていうことは、これ、野菜や焼いた魚やパンにかけて食べていいんだな」という発想が出てくる。特に前菜(Anti＝前、pasti＝食事）では、オリーブオイルのフレッシュなうまみが大活躍。大胆に使ってOKですよ。

僕はオリーブオイルを、
柔らかいプラスティックのボトルに
移している。
傾けてシュッとボトルを押す、
その押し加減で
オイルの量を微妙に調節できて、
すごく具合がいい。

トマトのブルスケッタ
Bruschetta alla Checca

みなさんにケッカソースを教えたい。だって、すごく便利でおいしいから

ここでも「乳化」が鍵

ケッカソースとは、トマト（ケッカ）の冷たいソースです。イタリアでよくブルスケッタの上にのせたり、冷たいスパゲティにしたりするんだけど、このソースは覚えておくと、いろいろに使えて便利なんですよね。

トマトをコロコロの角切りにして、バジリコ、塩、こしょう、にんにく、ビネガー、オリーブオイルを混ぜる。それだけなんだけど、「だけ」っていうのがクセモノで。トマトの水分で塩をよく溶かして、そこにオリーブオイルを加えたら、ボウルをゆすったり、振ったりして、よく混ぜて**乳化させる**、これがおいしさの決め手です。

アーリオ・オーリオ系のパスタ（「にんにくと赤唐がらしオイルのスパゲティ」〈P16〉など）のときにも、「乳化」の大切さについて触れたけど、オイルと水分をよく混ぜ合わせて、とろりと白濁した状態にすることが「乳化」です。「乳化」＝口当たりのよさで、まろやかで、なんともいえないうまみが感じられます。

トマトはもちろん、いいものが手に入れば、それを使うのが一番。だけど季節じゃなかったり、ひと山いくらの安いトマトを使うようなときは、はちみつを少し入れてあげるといい。そうして甘みを足してやると、**安いトマトだなんて思えないできばえ**になる。

朝ごはんにもよし、カツレツのソースにもよし

ブルスケッタはご存じ？　バゲットのようなパンをカリッと香ばしく焼いて（イタリアでは炭火でカリカリッに焼く）、にんにくをこすりつけて、オリーブオイルをたっぷりかけたガーリックトーストです。

焼きたての熱いブルスケッタに、冷たいケッカソースをのせて頬ばるの、これがたまらない。もちろん前菜やワインのつまみにもいいし、これと紅茶があれば日曜の朝ごはんは最高。ほかにもケッカソースは魚のムニエルのソースにしたり、アツアツのカツレツにかけてもうまいです。

ただし、もたない。長時間おくとトマトから水けが出ちゃうし、発酵したようになる。ケッカソースは作ったその日のうちに食べてください。まぁ、おいしいからすぐに食べきっちゃうんだけどね。

トマトのブルスケッタ

材料（4人分）
〈ケッカソース〉
- 完熟トマト……大2個
- バジリコ……大2枚
- にんにく……½かけ
- 塩、こしょう(黒でも白でもOK)……各少々
- 赤ワインビネガー……小さじ½
- はちみつ……少々
- EXVオリーブオイル……20mℓ

〈ブルスケッタ〉
- バゲットなど……1本
- にんにく……½かけ
- EXVオリーブオイル……適量

この仕上がりを目指そう

完熟トマトのルビーみたいな赤い色も、この料理の魅力だね。

ソースがとろりとして、よく乳化していること。

EXV オリーブオイルがフレッシュなことも重要。オイルは小さめの瓶を買って、早めに使いきるのがおすすめ。

1

トマトは皮を湯むきして、横半分に切る。

トマトのへたを包丁の先でえぐり取り、熱湯に3秒つけて、すぐに氷水にとる。ナイフで引っ張って、やっと皮がむける程度がベスト。すぐに皮がむけるようでは火が通りすぎです。

2

種を抜かないと、水っぽく酸っぱくなりすぎちゃう。

日本のトマトは種の部分が多い。種ごと使うと、ソースが水っぽく＆酸っぱくなりすぎてしまう。だから横半分に切ったトマトは種をスプーンの柄で取り除いてから、角切りにする。

3

バジリコはちぎるのがいちばん。

トマトの角切りは好みの大きさでいいよ。ボウルに入れて、バジリコをちぎって加える。ハーブや野菜は手でちぎれるものはちぎったほうがいいんです。香りや食感が違います。

4

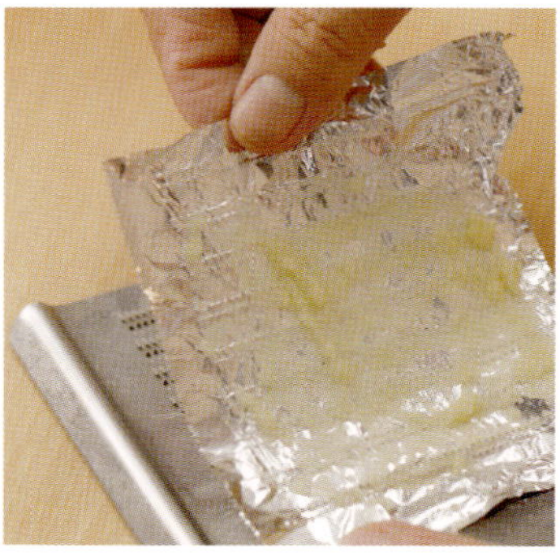

にんにくはこんなふうにすりおろすんだよ。

おろし金にアルミ箔をのせて、にんにくをすりおろす。アルミ箔を外して包丁でこそげ取れば、にんにくがきれいに取れるし、おろし金ににおいもつかない。これを**3**のボウルに加えます。

5

調味料を順に加えよう。

塩、こしょう、赤ワインビネガー、はちみつを順に加え、サッと混ぜる。塩が溶けたら、オリーブオイルをボウルの縁から加える。オイルは少しずつ、何回かに分けて加えます。

6

オイルを加えたら、そのつど混ぜる。

オリーブオイルを加えたら、そのつどしっかり混ぜます。ボウルを両手で持って、ゆすったり、回したり、できるんだったら返したりして、塩分や調味料とオイルを混ぜて乳化させる。

こんなアレンジもできる

ケッカソースのメッツェペンネ

ケッカソースだけのパスタっていうのが、ホントおいしい。日本では細いパスタを洗って冷たくして食べるイメージがあるけれど、イタリアにはその習慣はない。ゆでたあったかいパスタに、冷たいケッカソースをかけて食べるものなんです。そしてイタリアでは、ケッカソースで食べるのはショートパスタなんですよ。

7

ブルスケッタを作ろう

ガーリックトーストにケッカソースをのせる。

6でできあがったケッカソースは、使うまで冷蔵庫で冷やしておこう。では、ブルスケッタを作ります。バゲットの薄切りを香ばしく焼いて、にんにくの切り口をこすりつけ、オリーブオイルをたっぷりかける。この上に、冷やしておいたケッカソースをこんもりとのせて食べるわけさ！　うまいよ！

作り方

パスタ（メッツェペンネ＝半分こペンネ、と呼ばれる長さの短いものがあれば理想的）をゆでる。ゆで上がったら、ふきんに包んで、ふきんを振って水けをきる。器にパスタを盛り、ケッカソースをかける。あればバジリコを飾る。

パスタにオイルはかけないこと。油がつくとパスタに味がしみ込まない。

白身魚のカルパッチョ
Carpaccio d'Orata alla

とんとんと軽く触ってあげて、魚の上で、ドレッシングを作るんです

◉ 魚のカルパッチョ誕生のきっかけ

今ではすっかり市民権を得た感がありますが、ちょっと自慢させてもらうと、**魚のカルパッチョを日本で最初に出したのは僕です**。30年以上前、赤坂の店で料理長をさせていただいていた頃。店のメニューにイタリア式の生の牛肉のカルパッチョがありましたが、オーダーする日本人はまったくといっていいほどいませんでした。

それで悩んでいたときに、お隣の日本料理店からおろしたての鯛をいただいたんです。ためしにその鯛をカルパッチョ風に仕立てて、お客様としていらしていたイタリア政府観光局の方に食べてもらったら、「これもおいしいね」と言ってもらえた。以来、その店のカルパッチョに、お魚が登場することに。そのあとに開店した『ラ・ベットラ』でも、魚のカルパッチョが前菜の花形選手になってくれました。

◉ 塩は気持ち多めに

なんの魚でもいいんですよ、生で食べる魚や貝だったら。桜鯛、真鯛、すずき、かれい、むつ、あいなめ、ひらまさ、帆立て貝柱……。**コツは塩を気持ち多めにふること**。1人分で1つまみぐらい。「多めかな」と思うくらいのほうが食べたときにおいしい。

魚を皿に平らに並べて、塩、こしょうをして、かるーくお酢とかレモンをかける。で、全体に、**とんとんとんと軽く触ってあげる。すると塩が溶ける。そこへオリーブオイルを回しかける**。

これで魚の上でドレッシングができるわけです。で、「もう食べられるぞ」っていう状態にしてから、薄切りのマッシュルームを散らす。イタリアのレストランで、料理の上にトリュフをシャッシャッ、シャッシャッとスライスする、あの気分ですね。

白髪ねぎとか、セロリ、きゅうり、にんじんの細切りを上にのせることも、僕はよくします。シャキシャキした**サラダの歯ざわりが加わると、食べたときにリズムが生まれる**。それでメイド・イン・ジャパンの魚のカルパッチョが、いっそうおいしくなると思うんです。

白身魚のカルパッチョ

材料（2人分）
鯛（刺身用・さくでも切り身でもいい）
……100g
塩……小さじ1/2ぐらい
白粒こしょう（黒でも可）……少々
赤ワインビネガー（米酢でも可）
……小さじ1/2ぐらい
EXVオリーブオイル
……大さじ1/2ぐらい
〈サラダ〉
マッシュルーム……3個
トマト……小1/2個
長ねぎ……5cm
万能ねぎ（小口切り）……適量
塩……適量
オリーブオイル……少々
〈ソース〉
マヨネーズ、レモン汁、
オリーブオイル……各適量

- 長ねぎは白髪ねぎにして、水にさらす。
- ソースはマヨネーズをベースに、好みの調味料やスパイスを混ぜる。わさびなどを入れてもいい。あるいはソースをかけなくてもOK。

この仕上がりを目指そう
魚はよく切れる包丁で薄く切りたい。
マッシュルームもできるだけ薄く切ろう。
シャキシャキのサラダと一緒に食べるのが落合風。試してみてね。

1

鯛を2mmほどの厚みで、斜めにそぐように切る。
刺身用の切り身なら、厚みを半分に切ってください。このへんはね、道具ですよ。僕だって切れない包丁だと嫌だもん。なるべく長くて薄い刃の包丁で切りましょう。

2

切りながら皿に並べて、塩をふる。
塩のふり方は知ってるかな？　親指と人差し指で、ごまをすりつぶすような感じで塩をこすり合わせる。わりと強い力が入るよ。こうすると、塩が散らばって落ちてくれます。

3

こしょうをひく。
魚が白いから白こしょうにしたけれど、別に黒こしょうでもかまわない。

4

ビネガーをかける。
これは赤ワインビネガー。でも、米酢だっていいし、レモン汁だっていい。つまり、少し酸味を入れたいっていうこと。

5

トントントン……とやさしく触れる。
たたくんじゃないんですよ。塩を魚の表面にのばしているのよ。塩が魚のうまみを引き出してくれるし、塩が魚の水分で溶けることによって、あとでドレッシングの塩けになるんだ。

6

マッシュルームを極薄に切る。

生のまま、魚の上に散らすからね、できるだけ薄く切ったほうが歯ざわりがいい。お持ちだったら、スライサーやトリュフスライサーで薄切りにしてもいいですよ。

7

5の鯛の上にマッシュルームを散らす。

薄い鯛の上に、薄いマッシュルーム。白い濃淡がきれいだよね。

8

オリーブオイルをかける。

全体に回しかけます。塩、こしょう、ビネガー、そしてオリーブオイル。順にかけていくことで、魚の上でドレッシングになっちゃう。

9

ここからはトッピングのサラダ。トマトに塩をなじませる。

トマトは小さめの角切りにして(種が多ければ取り除こう)、軽く塩をふり、指で軽く混ぜます。続いてオリーブオイルも少し加えて混ぜる。

10

ケッカソース(P58)みたいなものを作るわけね。

めんどうなら、トマトの角切りだけのせてもいいんだよ。でも、まあ、こんなふうに少し味つけをしてあげると、さらにおいしくなるわけさ。これを魚の上に散らします。

11

白髪ねぎにも、ほんの少し塩をふろう。

水にさらしておいた白髪ねぎの水けをきって塩をふる。これもね、塩をふらなくてもうまいのよ。でも、ほんの少し塩をするとさらにおいしい。

12

トマト、白髪ねぎ、万能ねぎの小口切りをのせる。

トマトを散らしたら、白髪ねぎは5本の指でふわっとつかんで、皿の中心にふわっと置く。あるいは皿全体に散らしてもきれいですよ。次に万能ねぎの小口切りを全体に散らす。

13

ソースを絞りかければ完成。

ソースの材料を混ぜ合わせて、ポリ袋に入れる。袋の端を少し切って絞り袋にして、皿にソースを細長く絞っていく。簡単だけど、かっこいいでしょ。みなさんにもできますよ。

魚介のサラダ
Insalata Frutti di Mare

お湯に入れたら、もう、火を止めちゃうんだ。この火の通し方で、魚介が一気においしくなる

◉ ゆでない。氷水にもさらさない

えびがプリッ、帆立てがホクッ、いかがふっくら柔らかい——という状態に、いかに上手に魚介に火を通すか。それがこのお料理の命題です。

魚介をゆでるとき、みなさんはグラグラと沸いたお湯に入れて、そのまま強火でグラグラとゆでて、氷水にとって冷ましているんじゃないかな。それだと、えびも帆立てもボソボソになるし、固いし、いかなんてゴムみたいな口当たりになっちゃう。

まずは、たっぷりのお湯を沸かしてください（お湯が多いほうが温度が安定します）。沸いたら、湯量の1％ぐらいの塩を加える。その中に切った帆立てをぽちゃんと入れる。**ふたをする。火を止める。1分強おく。かき混ぜる**。網じゃくしですくってみましょう。**今ようやく火が通ったところ、っていう感じのギリギリのちょうどいいゆで具合**に仕上がっているはずだから。

氷水にはさらしません。水に入れると、せっかくの魚介のうまさがなくなってしまう。皿などにあけて、自然に冷まします（この間にも、ほどよい余熱が加わります）。

えびも同じ。いかも同じです。サンドイッチ用のえびをゆでるときも、あえ物用のいかをゆでるときも、全部、このゆで方でいいんですよ。だから「ゆで方」じゃなくて、「火加減」なんだよな。ゆでているわけじゃないですもんね。で、こうして上手に火を通せば、冷凍のえびもプリッと仕上がるんです。**料理は素材の善し悪しじゃなくて、腕**なのよ。車えびもブラックタイガーもありまへん。

◉ 貝のジュースをソースに

このサラダは貝の季節に作ってください。あさりや、手に入ればムール貝を蒸し煮にしましょう。そして**貝から出たジュースでマリネ液**を作って、さっき火を通した具をつけ込むんです。これが最高においしい！貝の量が少なめ（2パックぐらい）のときは、ジュースの出る量も少ないでしょうから、水を大さじ2ぐらい入れて、ふたをして貝を蒸し煮にするといいです。

魚介のサラダ

材料（４人分）
帆立て貝柱……４個
えび……12尾
いか……小１ぱい（150gぐらい）
あさり……20個
ムール貝……10個
塩……適量
〈にんにく唐がらしオイル〉
EXVオリーブオイル……30mℓ
にんにく（４～５等分に切る）……１かけ
赤唐がらし（半分に折って種を抜いたもの）……½本
〈マリネ液〉
EXVオリーブオイル……30mℓ
レモン汁……１個分
イタリアンパセリ……適量
粒こしょう……適量
塩……適宜

●あさりは砂出しをする。ムール貝は流水で殻をこすり合わせて洗い、貝から黒いひも状のものが出ているときは引っ張って取り除く。帆立て貝柱は４等分に切る。えびは背に切り目を入れて背わたを除く。いかは皮をむき、５mm幅に切る。
●仕上げに好みでレモン、イタリアンパセリ、ラディッキオを添える。

この仕上がりを目指そう
えびも帆立てもいかもプリッ、ホクッとしている。

貝のうまみのマリネ液が具によくしみている。

さらにオリーブオイルをかけて、レモンを絞って食べてもおいしいよ。

1

にんにく唐がらしオイルを作る。
オリーブオイルとにんにくを入れてフライパンを傾け、強火にかける。泡が出てきたら弱火にして、にんにくをきつね色に炒める。火を止めて、粗熱が取れたら赤唐がらしを入れる。

2

あさり、ムール貝を蒸し煮にする。
１のフライパンに貝を加え、ふたをして強火にかける。貝の量が多ければ、おつゆがたっぷり出るからそれだけでOK。貝が少ないときは水を大さじ２ぐらい加えて蒸し煮にします。

3

貝を取り出す。
貝の口が開いたら、フライパンから取り出してボウルなどに移す。ムール貝は殻が大きいので、身のついていない殻は外しちゃう。貝を全部取り出したら、冷めないようにボウルにラップをかけておく。

4

フライパンに残った貝のジュースで、あとでマリネ液を作ります。
こんなにたくさんおいしいジュースを出してくれるんだから、貝はえらいよね。弱火で少し煮詰めよう。「もう煮詰まっちゃうんじゃない？」と思ったときに火を止めます。

5

たっぷりの湯を沸かして、１%の塩を入れる。
４のフライパンは放っておいて、具をゆでるための湯を沸かしましょう。沸騰したら湯量の１%の塩を量って入れる。そして、においの少ない具材から１種類ずつ火を通していきます。

6

帆立て貝柱を入れる。すぐに火を止める。

帆立てを入れるでしょ。そしたらふたをして火を止める。1分強おく。かき混ぜて様子を見る。ゆでるんじゃなく、真ん中まで温めましょうね、という感じですね。

7

ほら、こんなにプリプリになるんだよ。

火の通し加減はお好みで。生っぽいのが嫌なら、湯の中に長めにつければいいわけね。

8

火が通ったら取り出して、そのままおく。

取り出した帆立ては氷水にとりません。皿などに広げて、自然に冷まします。

9

湯を沸かしてえびを入れ、ふたをして火を止める。

湯の温度が下がっているので、もう一度沸かしてから、えびを入れる。ふたをしてすぐに火を止め、そのまま30秒放置。好みの加減に火を通して取り出し、**8**の帆立ての横に置く。

10

いかは湯に入れたら、すぐに引き上げよう。

再び湯を沸かして、いかを入れて火を止める。いかはすぐに火が通るから、ひと混ぜしたらすぐに取り出す。これも皿に取っておきます。

11

では、マリネ液を作りましょう。

4をもう一度火にかけます。沸いたら弱火にしてオリーブオイル、レモン汁を加え、ゴムべらで混ぜる。こしょうをひき、味をみて、貝の塩けだけで足りなければ塩少々で補う。

12

ボウルに移して乳化させます。

フライパンからボウルに移して、泡立て器でよく混ぜます。白っぽくなるまで全体をよくかき混ぜたら、イタリアンパセリのみじん切りを加えます。

13

マリネ液に具材をつけ込む。

火を通した具をすべてマリネ液に入れてあえます。常温に30分おいてから、器にかっこよく盛りつける。残ったマリネ液は上からかけてくださいね。

ハムのムース、サーモンのムース
Spume di Prosciutto e Spume di Salmone

ふわっととろける口当たり、みんなが驚いてくれるのもうれしい

◉ フードプロセッサーさえあれば

「なに、これ！」「おいしーい！」って、食べるとみんなが感動してくれる（この本の撮影のときもスタッフから歓声が上がったね）。だから作り方の種明かしは、家族やお客さんにはしないほうがいいかもしれない。あまりにも簡単ですから。

ハム、スモークサーモンをそれぞれ、**バターと生クリームと一緒にフードプロセッサーにかけるだけ**。それだけで、**ふわっと口の中でとろけるようなムースができる**んです。作りたての柔らかい状態を、大きめのスプーンなんかですくって、ポコッと皿にのせてあげると、ふわっふわの口当たりが楽しめます。スプマンテやワインと相性ばつぐんの前菜ですが、このムースはサンドイッチの具にもよし。ゆでたパスタやリゾットに、ポンとのっけて食べてもおいしいんだ。

あるいは**型に入れて冷蔵庫で冷やして、テリーヌみたいにしてもいい**。バターが入っているから、ちゃんと固まってくれます。切り分けて皿に盛るとおしゃれだよね。小さなテリーヌ型を持っていれば、それを使うのも楽しいし。型がなければ、プラスティックの保存容器でもいいし。小さなペットボトルを縦半分に切って、その中に詰めて冷やしてもいいんだよ。ペットボトルで作ると半円形のテリーヌができて面白い。取り出すときも、手で持って体温で温めれば簡単に取れます。

◉ バリエーションは無限

ハムもスモークサーモンも、安い切り落としを売っているでしょ。ああいうので充分です。それをおしゃれなムースにしちゃう、っていうのがすてきじゃないですか。

ほかにもいろんな材料で作ってみるといい。ツナ缶、鮭缶、コンビーフ、鶏胸肉のゆでたの、市販のレバーのパテ、ゆでたそら豆……。鶏胸肉のゆでたの＋ハムとか、ツナ＋ゆでたえびとかの合わせ技もアリですよ。黒こしょうをきかせたり、ケッパーやシェリー酒を入れてみたり、いっくらでもアレンジができます。**一度作り方さえ覚えてしまえば、それこそ無限の楽しみ方ができる**のが自家製ムースなんです。

ハムのムース

材料（4人分）
ハム……300g
無塩バター……100g
生クリーム(乳脂肪分40％台)
……100mℓ
黒粒こしょう……適量
EXVオリーブオイル……適量

この仕上がりを目指そう

ふんわり、
なめらかな食感。

ときどきハムっぽい
かたまりが残って
いるのも、
それはそれでおいしい。

仕上げのこしょうは
香りと歯ごたえを
楽しむため。
オリーブオイルをかけて、
オリーブの果汁の
フレッシュな香りと
うまみをプラスして食べる！

1

材料はこれだけ。
ハムもバターもコロコロに切る。

写真ではかたまりのハムを角切りにしていますが、切り落としでも薄切りでもいいです。バターが入るから、ももハムなどの脂身の少ないものを選ぶのがベター。

2

フードプロセッサーに材料を入れる。

ハムを切らずに入れると攪拌（かくはん）の時間が長くなって、どうしても機械の熱が伝わるでしょ。フードプロセッサーにかける時間はなるべく短くしたほうが、素材の味が損なわれません。

3

黒こしょうを加えます。

ハムと黒こしょうは相性がいいからね。さて、ふたをして、ぶわ〜とフードプロセッサーにかけましょう。

4

なめらかなペースト状になるまでね。

途中でフードプロセッサーを1〜2回止めて、まわりについたのをゴムべらで落として、また攪拌する。なめらかなペースト状になればOK。ボウルに移し、あとは皿に盛るだけです。

● あらかじめ作っておく場合は……

ボウルにムースを入れ、ラップをして冷蔵庫へ。食べる少し前に取り出せば、すぐに柔らかくもどる。テリーヌ状に仕上げるときは、ムースを型などの容器に詰めてラップをし、冷蔵庫で2〜3時間冷やし固める。

サーモンのムース

材料（4人分）
スモークサーモン……300g
無塩バター……100g
生クリーム(乳脂肪分40％台)
……100mℓ
白粒こしょう……適量
EXVオリーブオイル……適量

この仕上がりを目指そう
ふんわりとろり、
とろける口触り。

サーモンピンクの色も
可愛らしい。

スモークサーモンの
コクを、オリーブオイルが
引き立ててくれる。

1

材料はこれだけ。
サーモンも細かく切ります。
スモークサーモンは、薄切りや切り落としを使ってもいいですよ。サーモンもハムも塩分があるので、バターは食塩不使用のものを使い、あえて塩も入れません。

2

フードプロセッサーに入れて攪拌する。
サーモン、バター、生クリーム、白こしょうを入れてフードプロセッサーにかける。途中で1〜2回止めて、まわりについたのをゴムべらで落とすことを忘れずに。

3

なめらかなペースト状になればOK。
ボウルに移して、あとは皿に盛るだけです。今回はシンプルに作りましたが、ケッパー(サーモンと相性よし)を入れて攪拌してもいいし、好みのお酒を少し入れてもいい。

P70の盛りつけ
大きめのスプーンを湯で温めて水けをきり、ハムのムース、サーモンのムースをそれぞれすくって皿にのせる。ハムのムースの上に黒こしょう、サーモンのムースの上に白こしょうをひく。カリッと焼いた薄切りバゲット、ラディッキオ、アンディーブ、ルッコラを添えて、全体にオリーブオイルをかける。

おいしい料理を作りたかったら「乳化」のテクニックを身につけるべし！

パスタのソースでも煮込み料理でも、作り方を教えるときに僕は「乳化」という言葉を何度も口にします。「乳化」がどれだけ大事か、っていうことをみなさんに知っていただきたいからです。

「乳化」とは、水と油が混ざり合ってよくなじむこと。「乳化」が起こるとソースや料理の全体が白っぽくとろりとしてきて、口当たりがとてもよくなります。まろやかになるんです。こういう状態になった料理を食べると、僕たちの舌は「おいしい！」と感じるんですね。

一番わかりやすいのは、サラダのドレッシングじゃないかな。オイルとビネガーがよく混ざり合っていないドレッシングをかけると、パシャパシャと水っぽいうえに油っぽいサラダになってしまう。オイルとビネガーが混ざり合った「乳化」が起こって初めて、おいしいドレッシングになるんです。おいしいドレッシングを野菜全体がうっすらとまとっている状態が、サラダという料理の理想形です。

簡単なサラダ作りで、「乳化」を体感、体得しましょう。僕たちがいつも作っている、ボウルひとつでできるおいしいサラダを教えます。そのまま食べるのはもちろん、このサラダは魚料理や肉料理のソースにもなるんです。グリルした肉の上にのせたり下に敷いてみたり、カツレツの上にのせたりして、ドレッシングをまとったサラダをソースとして食べる、それが格別おいしい。覚えておくととても重宝します。

ドレッシングで「乳化」入門

ボウル ひとつでできる、簡単で おいしいサラダ

〈用意するものは……〉

大きめのボウル1個。ルッコラ、レタス、ベビーリーフなど好きなサラダ野菜。塩、こしょう、ビネガー（ワインビネガー、酢、レモン汁どれでもいいです）、EXVオリーブオイル。ビネガー1に対して、オイル4がドレッシングに最適の配合です。2人分程度の野菜（2つかみぐらい）なら、ビネガー大さじ½、EXVオリーブオイル大さじ2を目安にしてください。では作りましょう。

1

ボウルに野菜を入れ、塩少々をふり、手で軽く混ぜる。次にビネガーをボウルの縁から、ぐるりと回し入れる。

2

ビネガーを野菜でぬぐって拭き取るようにする。あえながら、ビネガーの水分で塩を溶かしています。

3

こしょうをふり、オリーブオイル各少々をボウルの縁から、ぐるりと回し入れる。

4

オイルを野菜でぬぐって拭き取るようにする。

5

再びオリーブオイル少々をボウルの縁から、ぐるりと回し入れる。

6

オイルを野菜でぬぐって拭き取るようにする。オイルを加える→野菜でぬぐって拭き取るのプロセスを、さらにもう1回(計3回)行う。

7

ふわっと皿に盛りつける。と、ボウルには何も残りません。これが「乳化」の印です。

次のような「理屈」を知ると、もっとうまく作れるようになりますよ

上の**2**で、ビネガーを加えてすぐに野菜とあえていますね。塩はオイルが入ると溶けにくくなる。だから、ビネガーの水分で先に溶かすわけです。

「乳化」がうまくいくかどうかは、油がいかに水分を抱き込んでくれるか、にかかっています。ビネガーやオイルを入れるたびに、僕は手で野菜を軽くつかんで、野菜で拭き取るようにしています。実はこれが、オイル(油)とビネガー(水分)をしっかり結びつけるためのテクニック。手が泡立て器の役目をしていて、ボウルの中でドレッシングを「乳化」させると同時に、それを野菜にまとわりつかせているんです。

手であえることで「乳化」されたドレッシングは、白濁してトロリとし、もはや液体とはいえない感じ。だから、野菜にしっかりまとわりつく。サラダを盛ったあとのボウルに、水分や油分がほとんど残らない状態を目指して、サラダ作りを繰り返してください。

瓶でたたいてもいいんだけどさ……
肉たたきがあれば重宝するよ。
高いものじゃないし、
一本あれば孫子の代まで使えるし。
それにカツレツを作るとき、
これがあると楽しい。

Secondi

メインに何を食べたい？　家庭なら「昨日は肉を焼いたから、今日は魚を焼こうか」って、そういう発想じゃないかな。実際、そういうシンプルな料理が一番おいしいし、基本の料理がうまくなれば、料理の腕は自然に上がるんです。だからまずはグリルをしっかり覚えよう。肉も魚もこうすればパサパサにならない、っていうテクニックを教えます。あとは作っておける煮込みや冷製の主菜、それと、俺もみんなも大好きなカツレツだ！

グリルの基本

以前、地鶏農家で鶏のグリルをご馳走になったとき、
ご主人が焼いているのを黙って見てられなくてね、
「ちょっと俺に焼かせてよ」と、つい手を出して（?）しまったことがあります。
「せっかくいい肉なのにもったいない！」って。
どんなにいい肉も、焼き方がまずいと台無しです。
逆に、焼き方次第で安価な素材だっておいしくなるんです。
豚も魚も鶏も、グリルの基本は一緒。ぜひ体得してください。

A
「火の通りやすさ」を均等にする

　肉でも魚でも、１切れの切り身の中に、火の通りやすいところと、火の通りにくいところがある。たとえば鶏の胸肉には、肉のたっぷりついた厚い部分があって、ここを中まで焼こうとすれば、当然、ほかのところが焼きすぎになる。それで肉全体がパサパサになっちゃう。「胸肉はパサパサしておいしくない」って言うけれど、胸肉が悪いんじゃないよ。みなさんの焼き方がよくないんです。

　ではどうしたらいいか。肉でも魚でも、**包丁で切り目を入れて身を開き、厚みを均等にする**ことです。「火の通りやすさ」を揃えてあげるわけ。豚のロース肉なら、火の通りにくい部分だけを肉たたきでたたいて、そこの厚みを半分程度にして焼きます。

B
下味をしっかりつける

　グリルする肉や魚には必ず、下味として塩をふる。**塩は裏表にしっかりふります**。塩を控えると、食べ物の味が引き立ちません。塩をふったら、身の厚さや大きさによるけれど**２〜５分おいて、素材の水分で塩が溶けてなじんでから焼く**ことも大切です。

C
片面を8割がた焼く

　みなさんは豚でも鶏でも魚でも、フライパンでジャーッと焼いて、ひっくり返してジャーッと焼いて、またひっくり返してジャーと焼いて……とやってるでしょ？　焼きすぎなんです。焼きすぎて、素材の水分をとばしすぎているから、パサパサになる。**いかに水分をうまく残しながら焼くか**がグリルの醍醐味なんですよ。

　結論をいえば、**盛りつけたときに表になる側を先に焼いて、８割がた火を通してしまう**。焼いているときに上になっている面の全体が白っぽくなれば、８割がた火が通っています。そうしたらひっくり返して火を止めちゃう。**裏面は余熱だけで火を通す**。これで、生じゃないけど、焼きすぎてもいない、ぎりぎりのところで火が通っている一番ふっくらとおいしい状態に焼き上がります。

魚も鶏も豚も「焼き方」は一緒だよ

step1

まず、裏表に塩をふる。
2〜5分おく。

step2

次に皮目や脂の部分を
押さえつけて
しっかり焼く。

魚を焼く＝
グリルする

➔

➔

鶏肉を焼く＝
グリルする

➔

➔

豚肉を焼く＝
グリルする

➔

➔

調理の流れがわかったところで、では、さっそく作りましょう（そして食べましょう！）。

step3

盛りつけたときに
表になる側から
ふたをして２～５分焼く。

step4

表側を焼くだけで
７～８割火を
通してしまう。

step5

直接焼くのは表側だけ。
ひっくり返した裏面は
余熱で火を通す。

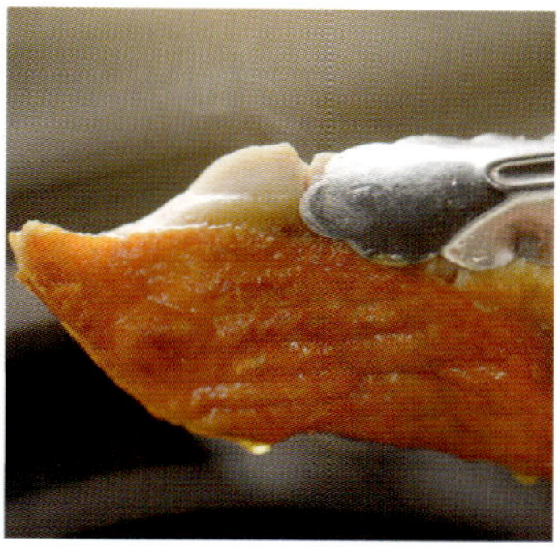

何度でも繰り返し作って、本を見ないでも作れるようになるのを目標に。

豚ロースのグリル、バルサミコソース
Maiale allai Griglia al Aceto Balsamico

一枚の肉も、部分によって厚みを変えてあげる。これをしないと、ふっくらと焼けません

● 厚みを変える＝火の通りを揃える

ご家庭で、しっとりとおいしい豚肉を焼くには、まず、**肉の厚みを変える**ことです。上の写真は豚ロース肉。真ん中から左側にかけての、脂の入った先細りの部分を「ばら先」、真ん中から右側にかけての、赤身の多い幅広の部分を「芯」と呼びます。火の通りにくい「ばら先」をしっかり焼こうとすると、どうしても火の通りやすい「芯」を焼きすぎることになる。それで仕上がりがパサパサになっちゃう。

解決策はたたくこと。「ばら先」だけを肉たたきでたたいて、厚みを「芯」の⅔ぐらいにしてあげる。写真のように厚みを変えて、「ばら先」の火の通りをよくしてあげるわけです。これがとても大切。

● 焼き色は表だけでいい

次に焼き方。ロース肉には脂の厚い層があります（上の写真では手前）。**みんな、ここを焼かないからおいしくないんだ**。最初にトングで肉を立てて押さえ、脂に焼き色がつくまでしっかり焼く。これでいい香りが出るし、脂が甘〜く焼けるんです（豚肉のうまさは脂だよ）。

豚肉には盛りつけるときに表裏があります。脂が上、「ばら先」が右にくる形が表で、こっちの面から先に焼く。最初は中火。焼いている面（表側）の脂が色づいてきたら、弱火に落としてふたをする。

フライパンをたまに動かしてやって、（肉の厚さにもよるんだけど）2〜3分たった頃にふたを取る。すると上全体が白っぽくなっています。**下から白さが上がってきてる**みたいな感じ。そういう状態になると、**その肉は7〜8割焼けている**んです。

その時点で、**もう火は消しちゃう**。火を消して肉をひっくり返す。で、2〜3分おく（ソースを作る場合は、その間にも肉に余熱が入るので1分でOK）。これで火が通るんです。肉を切ってごらん。中まできれーいに焼けているから。パサつかず、しっとりと焼けていますよ。

みなさんは肉をひっくり返して、両面をジャージャー焼くでしょ。だから固くなっちゃうんだ。**裏面は余熱だけで火を通す。焼き色は表だけについていればいい**んです。

豚ロースのグリル、バルサミコソース

材料（２人分）
豚ロース肉……180〜200g×２枚
塩……適量
サラダ油……少々
〈つけ合わせ〉
しめじ……１パック(60g)
しいたけ……４〜５枚(40g)
マッシュルーム……１パック(50g)
エリンギ……１パック(40g)
ラディッキオ(キャベツでも可)
……２枚
〈バルサミコソース〉
バルサミコ酢……60mℓ
塩、黒こしょう……各適量
グラニュー糖……２つまみ
無塩バター……10g
小麦粉……小さじ¼〜⅓

● 緑が欲しければ、イタリアンパセリなどを添える。
● 安価なバルサミコ酢で充分おいしくできる。

この仕上がりを目指そう

肉がほんのりピンク色。ホントにしっとり、柔らかくてジューシー。

家なんだから、食べやすく切ってからお皿に盛ろうぜ。

つけ合わせの野菜＋バルサミコソースを肉の下に敷くの、おしゃれでしょ。それにこのソースがまたうまい！

1

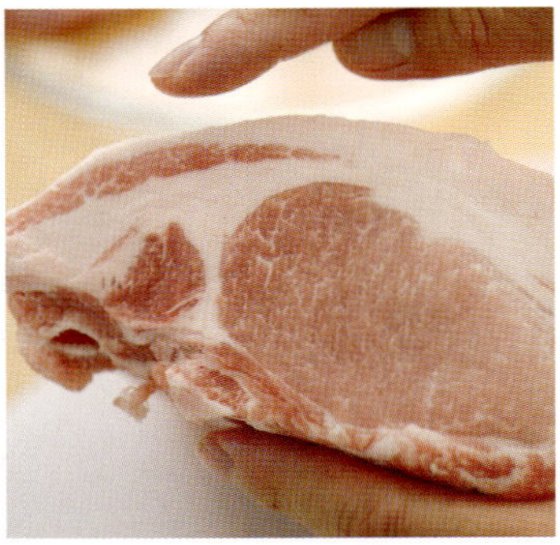

まずはロース肉をよく観察しよう。

これはリブロースです。上に脂の厚い層がありますね。その下の赤身の多い幅広のエリアを「芯」、脂の入った先の細くなっているエリアを「ばら先」と呼びます。

2

「ばら先」を肉たたきでたたく。

「ばら先」は焼けにくいんですよ。だから、ここだけたたいてあげる。肉たたきでトントンとたたいて、「ばら先」を「芯」の⅔ぐらいの厚さにする。これだけで全然違うのよ。

3

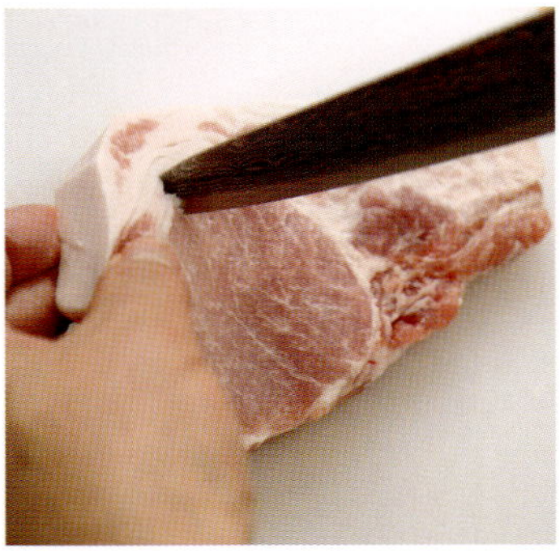

筋を切りましょう。

上にかぶった脂の厚い層と、下の赤身の部分との間に筋があるんです。ここに包丁の先で切り目を入れる。２〜３ヵ所でいいです。切りすぎないこと。筋のところだけに切り目を入れる。

4

「ばら先」も筋切りする。

「ばら先」にも筋があります。包丁の先で縦に２〜３本、浅く切り目を入れてください。肉の裏面も同様に筋切りします。筋切りをすると、焼いたときに肉が反らないんですよ。

5

下味の塩のふり方、知ってます？

塩は親指と人差し指でつまみ、指と指ですりつぶすようにして、高いところから肉にふります。両面にね。そして豚の水分で塩が溶けてなじむまで、２〜３分おく。

6

つけ合わせのきのこを準備する。

きのこは軸をつけたまま、縦に食べやすく切ったり、手で裂いたりしておきます。軽く塩をふって、全体をかるーく混ぜておきます。

7

肉を焼き始める。まずは脂の側面のところを。

サラダ油を温めたフライパンに、脂を下にして肉を立てて入れる。中火で、きつね色になるまで脂をしっかり焼こう。フライパンのへりに押しつけるようにすれば側面もよく焼けるよね。

8

次に、表になる側を焼く。

フライパンの脂が多かったら捨てて、表側(脂が上、ばら先が右)から先に、肉を中火で焼き始める。肉を少し持ち上げてみて、表面の脂が色づいたら弱火に落とす。

9

つけ合わせを投入。ふたをする。

弱火にしたら、きのこと食べやすくちぎったラディッキオをまわりに入れる。ふたをして弱火で焼く。ときどき鍋をゆすってあげて、2分ぐらいたったら、ふたを開けてみよう。

10

白っぽくなってるでしょ。そしたら火を止める。

上全体が白っぽくなっていれば、7〜8割焼けている証拠。ここで火を止める。

11

ひっくり返し、裏面は余熱で火を通す。

肉をひっくり返す。1分ほどおいて皿などに取り、冷めないようにアルミ箔やラップで覆います。こうすることで、ソースを作る間に余熱が入るので、裏面を焼くのは1分程度で十分なんです。

12

肉を取り出したら、次はソース作りだ。

肉を取り出したら、ソースを作る。フライパンを強火にかけ、きのこがまだ固いときは水少々をふる。塩、黒こしょう、バルサミコ酢、グラニュー糖を順に加えていく。

13

小麦粉+バターでソースにとろみをつける。

小皿にバターをのせて、小麦粉をふってよく混ぜる。これをフライパンに加え、火を止めてゴムべらで混ぜる。このソースを皿に敷き、上に切った豚肉をのせる。

白身魚のグリル、タルタルソース
Pesce alla Griglia con Salsa Tartara

皮がパリパリ、身がほろほろとくずれそうに柔らかい。そんな焼き方ができるんです

◎ 最初は皮を押さえて焼く

上手にグリルした魚って、すごくおいしい料理です。「あまり好きじゃない」という人は、皮がふにゃっとして、なんだか魚臭くて、身がパサパサだったりするのを食べたことがあるからじゃないかな。上手に焼けるようになりましょうよ。コツを覚えれば誰でもできるから。

魚も肉と同様に下味をしっかりつけます。皮のついた魚は、皮目に多めに塩をふったほうがおいしいです。焼くときは皮の側からフライパンに入れて、**すぐに皮目だけしっかり押さえて焼く**。ちょっと大変だけど、**15 秒ほど押さえてほしい**んです。これ、僕たちは手でやるんだけど、熱くて大変だったらフライ返しで押さえればいいです。上の写真の左側の魚を見てよ。フライ返しで強く押さえた跡が、縦についているでしょ。

こんなふうに押さえることで魚がピッとのびて、皮が鍋底に密着する。たんぱく質だから、その形のまま固まっちゃう。そうすると、手を離しても、もう皮が平らになって、縮こまらない。それで黄金色に香ばしく焼けるんです。

あとは豚肉のグリルと同じ焼き方。ふたをする。弱火にする。そのまま４～５分焼いて、パッとふたを開けてみると……ねっ、肉と同じでまわりから白くなってきているでしょ。**身から白い泡が出ていることもある**。あれも「もう、中が 80% 焼けてますよ」っていう印です。そうなったらば、フライパンの油を身の焼けているところに回しかけてから、ひっくり返す。30 秒おく。**魚も直接焼くのは皮側だけ。**裏側は余熱で火を通すんです。ひっくり返したら絶対にふたをしないこと。蒸気で蒸されて、せっかくの皮のパリパリ感がなくなるからね。

◎ 身が厚いときは切り目を入れて

魚の切り身が厚いときは、これも豚肉と同じで、火が通りやすいように厚さを調節します。皮目に１本切り目を入れ、身の側も**厚みのある真ん中のところに切り目を１本**入れる。こうすると身が少し開かれて、全体の厚みが揃う。身の厚いところをしっかり焼きたいから、ほかの部分が焼きすぎでパサパサになっちゃう、という事態をこれで解決できます。

白身魚のグリル、タルタルソース

材料（2人分）
金目鯛……2切れ
塩……適量
小麦粉……適量
サラダ油……大さじ1
無塩バター……10g
タルタルソース★……大さじ3

★タルタルソース（10人分）
マヨネーズ……300g
ゆで卵……3個
玉ねぎ(みじん切り)……1/4個
ピクルス(みじん切り)
……大さじ2(約50g)
パセリ(みじん切り)……適量
ケッパー(みじん切り)
……15粒ぐらい
黒こしょう……適宜
セロリ……適宜

- 鯛は斜めに切ってある切り身よりも、まっすぐに切った切り身のほうがグリルに向く。皮目が広く切ってある切り身が焼きやすい。
- ぶり、すずき、たらなど、そのときどきに手に入る切り身魚で作ろう。
- ソースの玉ねぎは塩もみして、ふきんで包んで流水で洗い、水けをしっかり絞る。ピクルスも軽く水けを絞る。
- 好みでできあがりにレモン、ルッコラなどを添える。

この仕上がりを目指そう
皮が黄金色でパリッパリ。このくらい焼けば、うろこを落とさなくても食べられちゃうし、身が割れたりしない。

皮とは真逆に、下の身はふっくら柔らか。これが魚のグリルのおいしさですよ！

タルタルソースがよく合うんだ。ちょっと固めに作るのがいい。

1

魚は皮目に塩を強めにふります。
下味の塩をふる。親指と人差し指で塩をつまみ、塩をすりつぶすような感じで。たとえば小さじ1をふるとしたら、皮目に3/5、身に2/5の割合で、皮に多めにふります。

2

塩をふったら、2分ほどおいてなじませる。
魚の水分で塩が溶けてなじむまで、2分ほどおきましょう。下味でこしょうはふりません。焼くときに油に落ちてしまって、ふる意味がないからね。

3

タルタルソースを作ろう。材料はこれです。
多めに作ろうよ。トーストにのせても、カツレツのソースにしてもうまいんだから。マヨネーズに、みじん切りにした玉ねぎ、ピクルス、パセリ、ケッパー、セロリを加えて混ぜます。

4

ゆで卵を混ぜれば完成。
マヨネーズに香味野菜を混ぜたら、黒こしょうを好みで加えます。ゆで卵はゆで卵切りでスライスしてから、縦に包丁を入れて加え、全体をよく混ぜます。これでソースの完成。

5

魚に小麦粉をまぶします。
薄力粉でも強力粉でも、どっちでもいいよ。皮にだけ、粉をまぶすんですよ。

6

粉はよーくはたく。

皮にうっすらと粉がついているぐらいでいいんです。粉をつけるのは、そのほうが焼き上がりが黄金色になってきれいだし、パリパリに焼けるから。

7

フライパンに油をひきます。

フッ素樹脂加工のフライパンは、から焼きしないのが決まり。火にかけると同時にサラダ油を入れて、油を温める——が、いつでも料理の第一歩ね。

8

油が自由自在に動くようになったら、魚を入れる。

フライパンを回したときに、自分の動かすほうに油が自在に動くようになれば、油が温まった印。バターも入れて溶かし、魚を入れます。

9

魚を入れたら、すぐに皮目を押さえるんです。

魚は皮目から焼きます。火加減は中火。フライパンに入れたら、最初は15秒ぐらい押さえてほしいんだ。僕たちは手でやるけど、フライ返しで押さえてもいい。

10

手を離しても戻らなくなったら、ふたをする。

ジャーッといっているのは、皮が焼けている音ですよ。皮が焼けるとパリッとするから、もうこれ、手を離しても戻らないの。そうなったら豚肉と同じ。ふたをして弱火で焼く。

11

ふたをして4〜5分焼き、ふたを開ける。

中がパチッとはぜるようなら、熱くなりすぎだからフライパンをゆすって熱を分散させる。4〜5分焼いてふたを開けると、まわりが白っぽくなっている。7割がた火が通っている証拠です。

12

身の側は油をかけながら火を通す。

フライパンを傾けて、たまった油をスプーンですくい、身の真ん中の赤い部分にかけてあげよう。アツアツの油をかけることで、火が通ります。

13

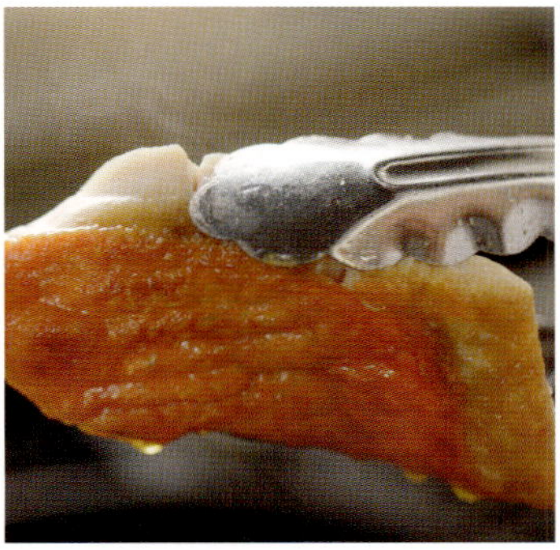

これが焼き上がりです。

火を止めて、フライパンの余分な油をペーパーで吸い取り、魚をひっくり返します。ふたをしないで、そのまま30秒ほどおけば、ふっくらパリッとおいしい魚のグリルの焼き上がり。

鶏肉のグリル
Pollo alla Diavola

皮をぎゅーっと押しのばして焼く。重しをのせてもいい。大げさな話じゃなくてホントに

● とにかく最初がかんじん

鶏も、豚や魚と同じ。グリルの基本は変わりません。まず、**厚みを均等にする**。胸肉も、もも肉も、身の側の厚みのあるところに切り目を入れる。すると肉が自然に開く。こうして肉全体の厚みを揃えてから焼きます。

焼くときは、これも魚と一緒で皮目から。でも何もしないでそのまま焼くと皮が縮まって、いったん縮まった皮はそのままです。だから最初がかんじん。焼き始めるときに、**底の平らな耐熱皿やフライパンなんかをのせて、皮をぎゅーっとのばした状態にして焼く**。僕たちは手で押さえて焼くんだけど、何か重しをのっけてもいい。そこまでして皮をまっすぐに焼きたい。すると、焼き上がりがパリッパリになって、鶏のグリルはそれがうまいんです。

皮がまっすぐ平らに焼けたら、重しを取って、ふたをして焼く。肉の大きさにもよるけど、弱火で４～５分も焼けば、肉が白くなって８割がた火が通っています。そうしたらひっくり返して、皮を上にする。ふたはしない。で、火を止めちゃう。**鶏も直接焼くのは皮側だけ。身の側は余熱で火を通すだけ**です。

● シンプルな料理が一番うまい

グリルは火加減が大事。火があんまり弱いと、鶏の皮がパリパリに焼けはするけれど、色がつかない。焦げ色＝香りですから、焼き色は重要です。だから**何回かやってみてよ**。僕たちプロも何回もやって、失敗して、うまくできるようになったんですから。

ちなみに、この料理のイタリア名「ディアヴォラ」は「悪魔」という意味。イタリアでは鶏１羽を開いて重しをかけながら焼く、その焼き上がった姿が悪魔に見えるから、という説がある。伝統的な料理で、**家庭で食べるなら、こういうのが一番うまい**と僕は思う。「これが料理？ただ焼いただけじゃん！」って？　いや、こういうシンプルな料理こそ腕の見せどころ。上手に作れたら、カッコいい料理じゃないですか？

鶏肉のグリル

材料（２人分）
鶏もも肉……１枚
鶏胸肉……１枚
塩……大さじ½
〈にんにく唐がらしオイル〉
オリーブオイル（またはサラダ油）……25mℓ
にんにく（適当な大きさに切る）……２かけ
赤唐がらし（半分に折って種を抜く）……１本
ローズマリー……４～５枝

- もちろん、もも肉だけ、胸肉だけで作ってもいい。
- オイルはたっぷり使ったほうがおいしい。オリーブオイルで作るとひときわ美味。
- レモンと、お好みでオリーブオイルをかけて食べよう。

この仕上がりを目指そう

パリッパリに焼けた皮が最高においしい。

皮の下にある肉はふっくらとして、フルーティですらある。

香りづけに使ったローズマリーも飾りに添えよう。油で揚がったパリパリ状態だから、しごいて一緒に食べてもいいよ。

1

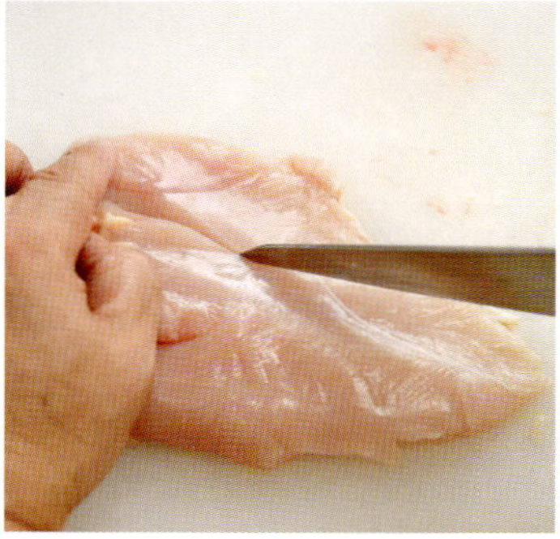

胸肉の厚さを均等にする。
身側の真ん中の厚みのあるところに、縦に切り目を入れる。肉が大きいときは左右に２本ぐらい切り目を入れよう。そうすると身が開いて、厚みがほぼ均等になります。

2

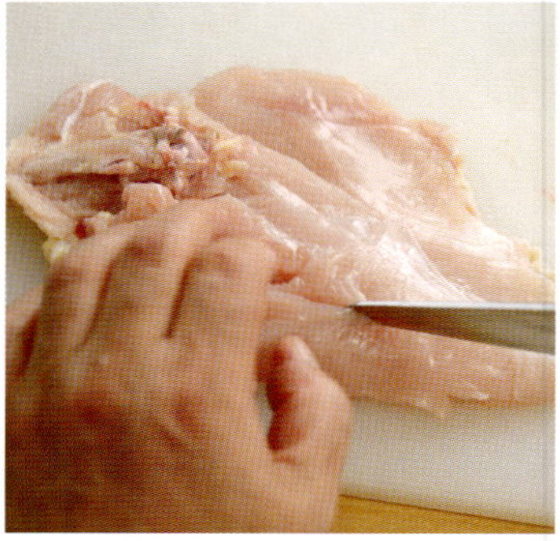

もも肉も厚さを均等にする。
骨つきのもも肉も、身側に切り目を入れます。骨のまわりに切り目を入れて開き、厚さを均等にする。筋が２～３本あるので、包丁の先でそこも切ってあげよう。

3

塩をふる。
下味の塩を全体にふります。見てください、胸肉もも肉も、上から下まで厚さがほぼ均等になっているでしょう？　切り目を入れて、こんな形にすることが大事なのよ。

4

皮目には塩を強めに。
裏返して、皮のほうにも塩をふる。皮のほうが塩は多めです。ちなみに、胸肉も、もも肉も皮側には切り目を入れません。

5

にんにく唐がらしオイルを作る。
にんにくとオリーブオイルを入れたフライパンを傾けて、強火にかける。泡が出たら弱火にし、赤唐がらしを加えて、にんにくがきつね色になるまでゆっくり熱する。

6

赤唐がらしは途中で取り出してもいい。

赤唐がらしは焦がすと苦くなっちゃう。まずいっ、と思ったら途中で取り出そう。

7

オイルにローズマリーの香りをつけるんだ。

にんにくを取り出して、ローズマリーを入れる。フライパンを傾けてローズマリーがオイルに浸った状態で弱火で熱し、香りが立ったら取り出す。フライパンを火から外して粗熱を取る。

8

鶏肉を入れて、平らな耐熱皿をのせる。

7 のフライパンに、胸肉ともも肉を入れる。肉が全部隠れる大きさの耐熱皿（底が平らな皿など。別のフライパンをのせてもいい）を上にのせて、中火にかける。

9

最初がかんじん。熱いけど、手で押さえるか……。

とにかく最初に皮をぎゅーっと押して、のばしてあげたいわけ。これをしないで焼くと、皮がぴゅんと縮まってしまう。それだと見栄えも悪いし、おいしく焼けないんだよ。

10

あるいは、何か重しをして皮目を焼く。

手が熱かったら、ボウルや皿を何枚か重ねて重しにしてもいい。缶詰でもいいし、何かしら重しになるものがあるでしょ。こうして重しをして中火でしばらく焼くと……。

11

皮目が平らに焼ける。そうしたら、ふたをして焼く。

パチパチという音が静まってくる。そうしたら上にのせている皿を取ってみる。皮がのびた状態で焼けていて、もう戻らなくなっているでしょ。こうなったらふたをして弱火で焼く。

12

4～5分焼くと、肉に8割がた火が通る。

4～5分焼いてふたを取ると肉が白っぽくなっている。切り目を入れたところに、たんぱく質のかたまりみたいなのが出ていることもある。何度も言うけど、これ、8割がた火が通っている印。

13

ひっくり返す。火を止めて1～2分おく。できあがり！

皮がいい色に焼けてるね。出ている脂をペーパーで拭き取ろう。それから肉をひっくり返して、身側を鍋底に当てた状態にして火を止める。そのままガス台の上で1～2分おく。完成！

鶏胸肉の冷製　鶏ソース
Petto di Pollo Freddo

胸肉のイメージが変わるはず！
とにかく、この「火の通し方」を覚えてほしい

◉ お湯に入れたら火を止めちゃう方式

そうでなくても胸肉はパサパサしてるのに、ゆでておいしいわけがない——って、そう思っていませんか？　僕がこれから教える方法でゆでてみてよ。ほんと、胸肉のイメージがガラッと変わるはずだから。

大きめの鍋にお湯をたっぷり沸かします。あれば野菜くずを入れましょう。湯量の1％の塩を加えます。**胸肉をぽちゃん、と入れる。火を止めてふたをする**。そうして20～30分おいてから肉を取り出してごらんよ。すっごくいい具合にゆだっていますから。

「魚介のサラダ」（P66）でえびや帆立てをゆでたときも、これと同じ「お湯に入れたら火を止めちゃう」方式でしたよね。つまり、ゆで方というより「火の通し方」なんだ。ゆでるというと、みんなはお湯でグラグラ煮ることを思うかもしれないけど、それだと火が入りすぎて、素材の水分が抜けすぎてパサパサになっちゃう。**火にかけずに、お湯の熱でじんわりと火を通す方法で、鶏胸肉や魚介は柔らかく火が通る**んです。

◉ 鶏胸肉のソースは万能

ふっくらとジューシーに「火を通した」鶏胸肉は、そのまま食べるのはもちろん、この**鶏胸肉で作るソースもおいしい**。胸肉を手で細かく裂いて、アンチョビ、ケッパー、ゆで汁なんかを加えてフードプロセッサーにかけるんです。このソースはすごく便利。パスタのソースによし、サラダのソースによし、サンドイッチの中身にもよし、ディップとして野菜につけて食べてもいい。

胸肉を薄くスライスして、胸肉ソースをかければ、鶏×鶏のしゃれたメイン料理のできあがり。同じようなお料理が、イタリア北部のピエモンテ地方の名物料理にあってね。それは仔牛にツナソースをかけるんだけど、これをヒントに、仔牛を鶏胸肉に、ツナソースを鶏ソースにアレンジしたわけ。あらかじめ仕込んでおけるから、人が集まるときの一品にもいいでしょう！

鶏胸肉の冷製　鶏ソース

材料（3～4人分）
鶏胸肉……2枚(400gぐらい)
塩……湯量の1％
くず野菜……適宜
黒粒こしょう……適宜
〈鶏ソース〉
ゆでた鶏胸肉
……1枚(上記の1枚)
玉ねぎ(みじん切り)……大さじ2
アンチョビ(粗く刻む)……2枚
ケッパー(粗く刻んだもの)
……小さじ1/3
鶏胸肉のゆで汁……大さじ1
マヨネーズ……100g
塩、こしょう……各適量
牛乳……適宜

- 玉ねぎはみじん切りにし、水にさらして、水けを絞る。
- 仕上げにラディッシュの薄切りをのせ、ケッパーのつぼみを開いて飾る。

この仕上がりを目指そう

鶏ソースは
コクがあるのに、
さわやかな後味。
たっぷりかけよう。

ソースの下に、
しっとりとゆでた胸肉の
スライスがあるわけね。
鶏×鶏のダブルの
おいしさ。

ラディッシュ＋ケッパーの
飾りもかわいいでしょ。

1

鶏胸肉は1枚の皮を取り除く。
ソースに使う胸肉1枚は、皮を取り除きます。そして身側の真ん中のあたりに切り目を入れて、肉の厚みを均等にしておきます。

2

もう1枚の胸肉は、丸めてたこ糸で縛る。
スライスして食べるほうの1枚は、できあがりを丸い形に揃えたい。だから、たこ糸で縛るんです。こちらは皮つきのままでいいです。

3

野菜くずを入れて、大鍋にたっぷりの湯を沸かす。
たっぷりの湯を沸かしてください。あれば野菜くず(玉ねぎ、にんじん、セロリ、パセリの軸など)、粒こしょうを入れて沸かすと、肉のにおい消しになるよ。

4

1％の塩を投入。
たとえば、沸かしている湯が3ℓだとしたら、30g、大さじ2ぐらいの塩ですよ。

5

胸肉をポンと入れて、すぐに火を止める。
切り目を入れた胸肉も、たこ糸で縛った胸肉も、両方とも湯の中に入れます。

6

ふたをして、しばらくおきます。

湯が冷めてしまわないように、ふたをするのを忘れずに。このまま、20～30分おいて（肉の大きさによって時間は調節）、湯の熱量で肉に火を通すわけです。

7

20～30分おいたら、取り出す。

見てください。これで中までふっくらと、ほどよく火が通っているはずです。心配だったら竹串を刺してみて。透明な汁が出たり、汁が出なければ、ちゃんと火が通っています。

8

鶏ソースを作る。
肉は手でも裂けますよ。

たこ糸で縛っていないほうの胸肉です。手で縦に裂きます。ほらね、中までちゃんと火が通っているけれど、しっとりとしてうまそうでしょ。

9

ほかの材料と一緒にフードプロセッサーにかける。

8の粗く裂いた胸肉、玉ねぎ、アンチョビ、ケッパー、マヨネーズの半量、胸肉のゆで汁、こしょうをフードプロセッサーに入れて攪拌（かくはん）する。

10

ちょっと固めのペーストができるんです。

攪拌して、こんなふうに少し固めのペースト状にする。味をみて、塩少々を加えて、塩を混ぜるためにさらに少し攪拌する。

11

マヨネーズを加える。

フードプロセッサーからボウルに移して、残りのマヨネーズを加えて混ぜる。

12

牛乳を加えて、好きな味に調整。

まだ固いからといって、さらにマヨネーズを加えてのばすと、酸味が強くなりすぎるかもしれない。だから牛乳を加えてのばす。牛乳を入れると塩けが薄まるので、味見をして、足りなければ塩を足します。

13

フォークの間からしたたり落ちる濃度が○。

鶏ソースのできあがり。もう１枚の胸肉のたこ糸を取り、２～３㎜厚さのそぎ切りにして皿に盛る。で、上にスプーンで鶏ソースをかける。ラディッシュやケッパーを飾れば完成です。

鶏胸肉&鶏ソースは、こんな応用もきくんだよ

アレンジ例1 鶏胸肉のサンドイッチ

鶏ソース（P96〜97）をやや固めに作って、タバスコを少し混ぜる。ゆでた鶏胸肉（P96〜97）を薄くスライスする。

● **サンドイッチA**　食パン（白い食パンが合う！）1枚の片面に、バター代わりに鶏ソースをたっぷり塗る。きゅうりの薄切りを少しずつ重ねてのせ、塩少々をふる。もう1枚の食パンには、のり代わりに鶏ソースを薄く塗る。2枚の食パンでサンドする。

● **サンドイッチB**　食パン2枚の片面にそれぞれバター代わりに鶏ソースを薄く塗る。スライスした鶏胸肉とアボカド、両手でパンッとたたいて平らにしたレタスをのせ、塩少々をふる。

サンドイッチAは鶏ソースのふわっとした口当たりが、ちょっとほかにないおいしさ。ぜひ作ってみてほしい。サンドイッチBはボリュームありで、アボカドと胸肉が好相性。もちろん1種類だけ作ってもいい。あるいは、鶏ソースだけ塗って、こしょうをたっぷりひいた、シンプルなサンドイッチだってすごくおいしいんだよ。

アレンジ例2 鶏胸肉のサラダ

鶏ソースにレモンを少し絞り、塩で味をととのえて、ややゆるめに作る。

これをポリ袋に入れて袋の端を少し切り、絞り袋にする。鶏胸肉は薄くスライス。

◉皿の真ん中にベビーリーフをこんもり盛って、玉ねぎのスライスをのせ、まわりにスライスした胸肉を並べる。絞り袋で皿全体にソースをかけ、つぼみを開いたケッパーを散らす。

鶏ソースは好みの味にいくらでもアレンジ可能。レモンをちょっと絞ったり、タバスコを混ぜてピリッとさせたり。ゆずこしょうやわさびをきかせてもおいしい。生クリームやつぶしたアボカドを混ぜると、とろりとコクが出て、またひと味違う。

◉「鶏胸肉とアボカドのサラダ」も僕のお気に入り。ゆでた鶏胸肉は裂く。アボカドを胸肉と同じぐらいの細切りにする。玉ねぎ、長ねぎのみじん切りを塩もみして水にさらし、水けを絞って、胸肉、アボカド、セロリの薄切りと合わせる。これをマヨネーズ、ゆずこしょう、レモン汁であえる。作ってみてね。

ポークカツレツ
Cotoletta di Maiale

揚げるというより多めの油で焼く感覚。普通のトンカツより、家庭で作るのはラクかもしれない

切り身の肉が大きな薄いカツレツに

いわゆるミラノ風カツレツ、これもすっかりおなじみになったよね。家庭でも作れるんです。というか、普通のトンカツよりラクなんじゃない？　**炒め物よりもやや多めぐらいの油の量でいい**し、あの**大きくて薄いカツレツも肉たたきがあれば楽勝**ですから。

おまけにこれ、高級な肉でなくていいのよ。カレー用とかシチュー用として売っている、赤身の豚肉があるでしょ、**豚のもも肉の角切りとか。あれを寄せ集めて、自分で１枚のカツにする**んです。難しそう？　いや、肉たたきがあればそれが簡単にできる。だからくどいようだけど、肉たたき、一個あればいいだろうねぇ。2000円ぐらいのものなのに、壊れないから末代まで使えるし、娘が嫁に行くときも持たせられるんだから。

このカツレツはパン粉も面白いんです。日本でトンカツっていうと、粗くてしゃきしゃきしたパン粉を使いますよね。ところがイタリア、フランスには粗いパン粉はないんです。**とても粒子の細かいパン粉を使う**の。

だから日本の僕たちは、市販のドライタイプのパン粉を、フードプロセッサーにかけて細かくする。あるいは食べきれなかったパンを細かくちぎって、家の中に１日、２日置いておくとパキパキになるでしょ。それを耳ごとプロセッサーにかけて、細かいパン粉を作ってもいい（お店ではこれです。パンが残ることが多いからね）。カツレツの衣は、この細かいパン粉にパルメザンチーズを混ぜるんです。だからすごくおいしい。

フライパンをゆすれ！

カツレツは中火以下の火加減で、フライパンの中が熱くなりすぎないように気をつけながら焼きます。僕がたえずフライパンをゆすっているのは、**ゆすることでフライパンの中の熱を分散させて冷ませる**から。それに、ゆすればカツレツが動いて火の当たる場所が変わるから、全体にまんべんなく黄金色の焼き色をつけることができるという理由。

ちなみにミラノ風カツレツには格子目がつきものですが、これにも意味があってね。格子目を入れることで、焼くときに肉が反らないんです。なんにでも理屈はあるのさ。

ポークカツレツ

材料（２人分）
豚赤身角切り肉……200g
塩、こしょう……各少々
小麦粉……適量
溶き卵……１個分
パン粉★……100g
パルミジャーノ（すりおろす）……30g
オリーブオイル（またはサラダ油）……約30mℓ
無塩バター……小１かけ（約10g）
〈つけ合わせ〉
ケッカソース（P60）……適量
ルッコラ……１束

★市販のパン粉（ドライ）をフードプロセッサーにかけて細かくしたもの。
● カツレツは熱いうちに食べたいから、つけ合わせのサラダを先に準備しておく。ケッカソースは冷たいものでも、室温のままでもおいしい。
● 好みで仕上げにパルミジャーノを削り、散らしても。

この仕上がりを目指そう

大きさだけじゃないんだよ。たたくことで肉の繊維が壊れて、柔らかい口当たりになるんだ。

ぴかぴか輝く金貨のような黄金色に焼き上げるのが、ミラネーゼ＝ミラノ風カツレツ。

アツアツのカツレツに、つけ合わせのサラダの汁がしみたのが、またおいしい！

1

角切りの豚肉でいいんです。これでカツレツができる。

カレー用とかシチュー用として売っている、角切りの豚肉を使いましょう。赤身の肉がいいです。

2
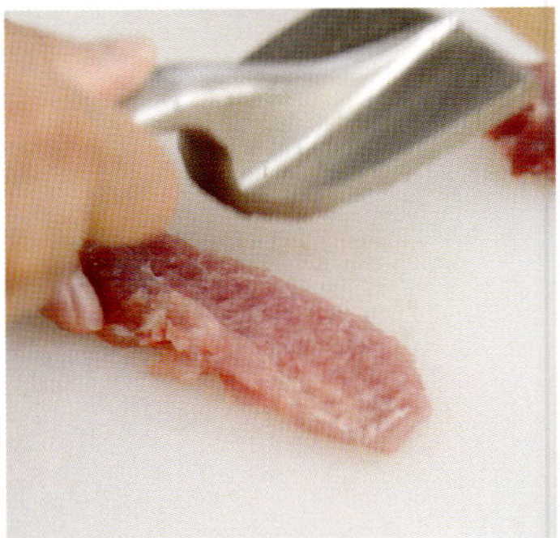

肉たたきでたたきます。

力は入れてないですよ。内側から外側へ広げるようにして、肉たたきでトントントンとたたいて薄くのばしていく。表裏と返して、たたいてください。

3
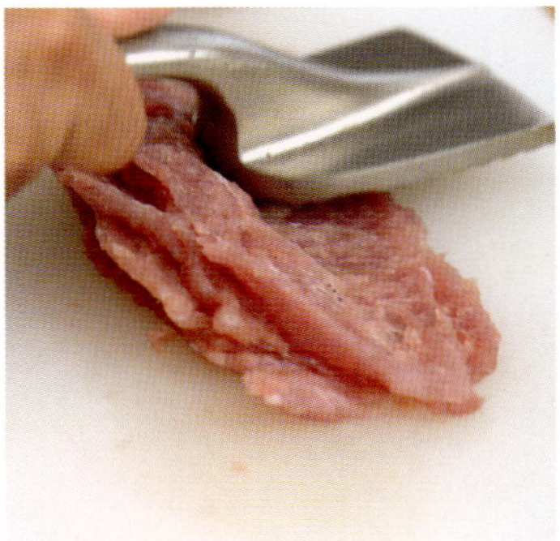

薄くのばしたら、肉を重ねてたたくんです。

１切れずつ薄くのばしたら、それを重ねて、肉たたきでたたきます。肉に筋があったら指で取り除いてね。

4

ラップをかぶせて、さらに薄くたたく。

こうすると、肉が肉たたきにくっつかず、仕事がスムースでしょ。たたいていて肉が破れちゃっても大丈夫。「まとめて、たたいて、のばす」をまだ繰り返すからです。

5
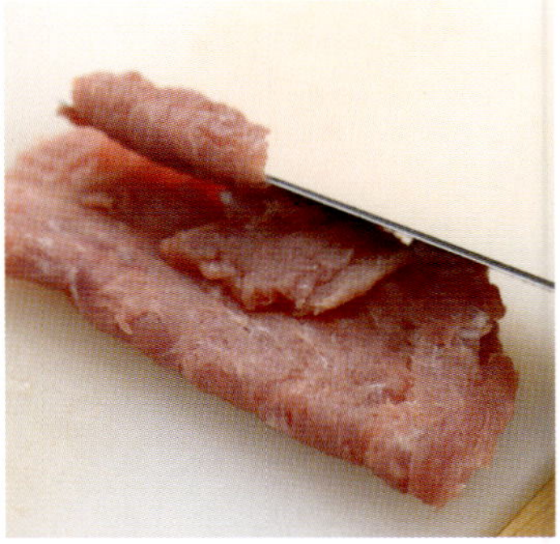

のばした肉をたたんで、たたく。

包丁を肉の下に入れ、まな板から肉をそぎ取るようにして、左右からたたむ。ラップをのせてまたたたく。これを３～４回繰り返して、肉が２～３㎜の厚さで大きく広がればOK。

6

塩をふる。小麦粉はうっすらと。

形をととのえて、片面に下味の塩とこしょうをふる。次に肉を手のひらにのせて、小麦粉をはたく。これは卵をくっつけるための粉なので、うっすらとまぶす程度でいいよ。

7

溶き卵→パン粉＋パルミジャーノの衣をつける。

溶き卵にくぐらせてから、パン粉とパルミジャーノを合わせた衣をまぶしつけます。

8

形をととのえて、格子目を入れましょう。

まな板の上に置いて、包丁の背で大きな小判形に形をととのえる。パン粉をつけた段階で形をととのえたほうがきれいにいくんです。包丁の背で格子目を入れます。

9

オイル＋バターが熱くなってから、カツレツを。

肉が半分浸る程度のオリーブオイル＋バター。これを強火で温め、泡立ったら肉を入れる。油が温まらないうちに肉を入れると、余分な油を吸って仕上がりが油っぽくなるから注意。

10

肉を入れたら強火厳禁。中火弱で焼く。

ずっと中火弱の火加減で、しばらく焼く。フライパンから煙が上がらないように気をつける。上がる、と思ったらフライパンをいったん火から外すか、ゆする。

11

こんがりきつね色になっていたら裏返します。

持ち上げてみて、こんがりときつね色になっていたら、ひっくり返す。裏面は焦げやすいので火を弱めて。裏返した時点で、フライパンの油は捨てましょう。

12

焼き色をつけたい。だから少し、から焼きする。

フライパンをゆすりながら、全体に焼き色をつけます。焼き時間の割合は、先に焼いた表面が６、裏面が４ぐらい。フライパンから煙が出たら火から外して、冷ましながら焼きます。

13

裏面はこんな焼き加減。もういいね。仕上げにかかろう。

焼き上がったカツレツをペーパータオルではさみ、余分な油を取る。皿に盛り、ちぎったルッコラとケッカソースを混ぜて添える。さあ、熱いうちに食べようぜ。

カチャトーラ
Pollo alla Cacciatora

あらかじめ作っておけるメイン料理、鶏の煮込み。お酢やワインの水分をとばすのが、おいしく作るコツ

● 焼きすぎ？　と思うくらいに焼く

イタリアに古くからある煮込み料理で、**カチャトーラ＝狩人風**。たぶんオリジナルは狩人たちが、仕留めた獲物をにんにく唐がらしオイルで炒めて、そこいらへんにはえてるローズマリーも香りづけに入れてね、ワインビネガーや飲み残しのワインをドバッと注いで煮たんじゃないかな。

僕たちは鶏１羽をさばくけど、家庭ではもも肉で作るといい。骨つきでも骨なしでも、一口大より大きめの、二口大ぐらいに切りましょう。

にんにく唐がらし＋ローズマリーのオイルで、小麦粉をまぶした鶏肉をまずは焼きつけます。このとき**「ちょっと焼きすぎかな」と思うくらい、肉にしっかりと焼き色をつける**のが第１のポイント。この**焼き色がソースの色、香り、うまみになる**んです。

● 水分をとばして、うまみだけを残したい

肉を焼いたら、**1.** ワインビネガー（あるいは日本の普通のお酢）、**2.** 白ワイン（なければ日本酒でもいい）、**3.** 水を順番に加えて煮込みますが、**ワインビネガーもワインも、入れたら煮詰めて水分をとばす**、これが第２のポイントです。しっかり煮詰めることで鍋中の水分と油分がなじんで、ソースがとろりと仕上がるのよ。特にワインビネガーは、入れたときにジャーッといってたのが、パチパチパチという音に変わるまで、水分をほぼ完全にとばす。そうして残ったお酢のうまみだけをソースに入れたいわけです。

水を入れたら、あとはやさしい火加減で煮込む。静かに時間をかけて。煮詰まりすぎたときは水を足せばいいよ。煮込んで蒸発するのは常に水分なんだから、足すのも水。

ところで、肉料理のつけ合わせのじゃがいもは、なんのためにあるか知ってますか？　ソースをつけて食べるためです。**じゃがいもはフォークでつぶして、料理のソースをつけて食べる**のよ。この料理に入れたじゃがいもも同じです。フォークでつぶして食べてくださいね。ちなみに煮込み料理には冬のイメージがあるけど、カチャトーラは季節を問わないお料理。酸味と辛みがきいてるから、夏に食べてもうまいんです。

カチャトーラ

材料（４人分）
鶏もも肉(二口大に切る)……１kg
　塩……小さじ½
　小麦粉……適量
じゃがいも……３個
〈ソフリット〉
　玉ねぎ……１個
　サラダ油……大さじ½
〈にんにく唐がらしオイル〉
　オリーブオイル……30mℓ
　ローズマリー……２枝
　にんにく(半分に切る)……½かけ
　赤唐がらし(半分に折って種を抜く)
　……１本
赤ワインビネガー(または米酢)
　……100mℓ
白ワイン(または酒)……250mℓ
水……800mℓぐらい
塩……適量
オリーブ(種なし)……適宜

●じゃがいもは皮をむき、大きめの一口大に切ってラップで包み、電子レンジで３～４分加熱。フライパンでソテーして表面に焦げ目をつける。
●オリーブはブラックだけ、グリーンだけでもいい。なければ入れなくてもいい。

この仕上がりを目指そう

とろみのあるソース。オイルと水がいい感じになじんでいる。

こんがりと焼いてから、ふっくらと煮た鶏肉、見るからにうまそうでしょ。

じゃがいもをフォークでつぶして、カチャトーラのソースをつけて食べるのがまたおいしい。

1

まずソフリット（P37参照）を作る。玉ねぎをよく炒めましょう。

フライパンにサラダ油をひいて、玉ねぎの薄切りを中火～弱火で炒める。２～３分炒めて玉ねぎの水分がとんでおいしそうな色がついたら、煮込み用の鍋に移します。

2

ローズマリー風味のにんにく唐がらしオイルを作る。

オリーブオイルとローズマリーを入れてフライパンを傾け、弱火でじゅくじゅくと熱します。香りがついたら取り出して、次に、にんにくと赤唐がらしをオイルに投入。

3

にんにくのかけらがあったら、取り除いてあげてね。

最初は強火。泡が出てきたら弱火にして、オイルに香りがつくまで炒める。にんにくのかけらは焦げやすいのでマメに取り出そう。赤唐がらしも焦げそうになったら取り出す。

4

鶏肉をよく焼きつける。この焼き目が料理の味や香りになるんだ。

鶏肉は塩をまぶし、小麦粉を全体にまぶす。**3**のフライパンに入れて、鍋をゆすりながら強めの火で焼く。「焼きすぎかな」と思うくらい、しっかり焼くことが大事。

5

肉を鍋に移しましょう。油も入れちゃっていい。

1のソフリットを移した煮込み鍋に、鶏肉も入れる。フライパンに残った油も入れちゃおう。鶏のうまみが出ているからね。

6

鍋を熱くして、ビネガーを加えます。酢がコクを出してくれるのよ。

強火にかけて、鍋がチンチンと熱くなったら、赤ワインビネガーを加えます。音を聞いて。初めはジャーッといっている音が、だんだんパチパチパチと甲高い音に変わってくるからね。

7

音が消えるまで強火にかけて、酢の水分を全部とばそう。

甲高い音っていうのは、水分がとんで、油が勝ち始めた印なんだよ。顔を近づけても、酢のオッとくるのがなくなるまで、酢をしっかりとばします。

8

水分がなくなったところで、ワインを注ぐ。

ワインを加えた瞬間にジャーッと音がして、ワインが沸かないとダメよ。そこまで、酢の水分をとばしてからワインを入れる。これがすごく大事。火はずっと強火ですよ。

9

◎ココでうまさが決まる　鍋底が見えてくるまで、強火で煮続けます。

ワインの水分がなくなるまで煮詰めます。ここでうまさが決まるんです。ここまでを、しっかり煮詰めておかないとぼやけた味になる。**6〜9**が、この料理の肝です。

10

煮詰まって鍋底が見えてきたら、鶏がかぶるぐらいの水を注ぐ。

このときはジャーッといわなくていいです。分量の水を入れて、沸いたら弱火にして煮込みに入ります。水分が蒸発しないようにふたをして、30分ぐらい煮込んでください。

11

⅔量ぐらいに煮詰めます。

鍋の表面がポコッ、ポコッとする程度の、やさしい火加減で煮込むんです。火が強すぎると、オイルと水が分離してしまうので注意して。

12

塩を加えます。塩は水分のところに入れてね。

⅔量ぐらいに煮詰まったところで、塩を加えて味をととのえる。塩は溶けやすいように、水分(煮汁)のところに入れてくださいよ。

13

じゃがいも、オリーブを投入。弱火で少し煮れば完成です。

じゃがいもは、めんどうならチンするだけでもOK。でも、ちょっと焼き目をつけてあげると、香ばしさが出るんだね。あればオリーブも加えて、少し煮ればできあがり。

レシピには書ききれないけど、僕が大事だと思っていることをお話ししましょう

「塩味スタンダード」を持つ

料理教室や調理師学校でみなさんが料理をしているのを見ていると、たいてい塩が手前なんです。手前って、「足りてない」ということ。「今日のテーマは病院食だっけ？」と僕はわざと言ったりします。で、みんながキョトンとしたところで「いや、味がないからさ。こんな薄味だとおいしさは感じられないよ」って言う。料理がしょっぱいと言われることを、作った本人がとてもイヤがるんです。だけど料理っていうのは、ちょうどいい塩分をつけて初めて、「おいしい」と感じるものです。

たとえば、「いいトロだから、このまま何もつけずに食べてみて」と言われて、食べたとします。確かにいいトロなんです。でも、「もう1切れ、このまま食べてみろ」と言われて、手がのびますか？　しょうゆとか塩とか、やっぱり何かしらつけて食べたいじゃないですか。でないと、せっかくのいいトロもおいしく食べられない。

「味つけ」は人間の特権です。塩を控えると食べ物の味が引き立ちません。すごくいい肉を使っていても、塩味が手前だと、どうしても味がぼやけてしまう。「薄味のぼやけた料理ばかり食べさせていると、子どもの味覚は育たないぞ」って僕は本当に思います。自分の「塩味スタンダード」を持つことが、料理を作るときも外で食べるときも、とても大事です。

「味見」のしかたを知っていますか

料理の味見をするにもコツがあります。まず、タイミング。塩を入れました、すぐにスプーンですくって口に入れて……というのでは、そのお料理の正確な味はわかりません。塩を入れたら、その塩が溶けて鍋の中全体に行き渡るまで、(量にもよりますが) ２～３分はかかる。それを待ってから味見をしないと、どんな味になっているのか本当のところがわからない。ほかの調味料も同じで、鍋全体になじんだな、というタイミングを待って味見をします。

また、味見のしかたですが、たとえばパスタのソースを味見するとき。僕はスプーンをソースに浸したら、舌の上にスプーンをのせて、スプーンの裏側が舌上につくようにする。こうすると、スプーンを口から出すときに、上唇側にソースがついて、口の上側全体で味がしっかりわかるんです。

料理のおいしさは「火加減」で決まる

この本の中に繰り返し出てくるフレーズに、「沸騰するまで強火。沸いたら火を落とす」があります。まだ火の通っていない冷たい (常温の) 食材を入れたら、鍋の温度が下がりますから、必ず強火にしてあげる。これはイタリア料理にとどまらず、すべての料理の基本中の基本です。

最初は強火で、鍋の温度が高くなりすぎたら火を弱めたり、ガス台から外して鍋の中の温度を冷まします。「フライパンをゆする」というテクニックもあります。ゆすることで、鍋の中の熱を分散させて冷ますんです。ふう、ふう、って熱いお湯を吹いて冷ますのと一緒ですよ。

鍋やフライパンに材料を入れたら、素材にはできるだけ触れずに、火加減にだけ注意を向けて、ガス台から外したり、鍋をゆすったり、火を弱めたりして調節します。「火加減」には過保護なほうがいい。そして、生ではないけれど焼きすぎてもいない、ちょうどいい加減に素材に火を通す——。このイメージを持っていれば、おいしい料理が作れるようになりますよ。

Dolce

さぁ、食後のお楽しみ、デザートを作ろう。家庭のイタリアンで僕がおすすめしたいのは、粉もオーブンも使わないドルチェ(焼き菓子は誰かが持ってきてくれるかもしれないしね)。その代わり、フルーツを使おうよ。フルーツのすてきな香りや、見た目の可愛らしさや、酸っぱさや食感を活かした軽やかなデザートは、作っているみなさんもしあわせな気分になれる。作ってる本人が楽しくなきゃ、おいしいものは作れませんよ。

高級なフルーツでなくてもいいんだよ。
普通でいいのよ。
いちごのムースなんて、
冷凍のいちごのほうが
色はうんときれいだったりするし。
そこいらへんは臨機応変に。

いちごのムース
Spuma di Fragole

ふわっととろける口溶けのよさ。ムースは「空気をいかに含ませるか」なんです

◉ どんないちごでもいい、冷凍でもいい

まず一番に教えたいのは、いちごのムース。作りたいでしょう！「こういうのが家で作れるなんてうれしい」って教えた人はみんな言うね。

これはフードプロセッサーかミキサーがあればできます。道具としては、あとは絞り袋（生クリームのパックについてたりしますよね。なければ、ポリ袋の端を切ればいい）。絞り袋を使わなくてもできるけど、使ったほうが仕上がりが断然きれいです。

いちごは、旬のおいしいいちごがあればいいし、そうでなくても全然OK。**いちごの甘みが足りなければ砂糖を足せばいい**し、香りが足りなければいちごのリキュールをちょっと入れたりする手もある。冷凍のいちごでも全然かまわないですよ。むしろ、アメリカ製の**冷凍のいちごのほうが色がきれい**です（実はP114のいちごピュレには、冷凍のいちごを使っているんです）。この場合も砂糖を少し足してあげます。

◉ 泡立ては手早く

ピュレ状にしたいちご、八分立てにした生クリーム、固めに立てたメレンゲ——。いちごのムースはこの３つを混ぜたものです。口の中で、ふわっととろけるような口溶けのよさは、空気をたっぷり含んでいる証拠。これには**生クリームや卵白の泡立てが鍵を握っています**。

泡立て、いつもどうやってます？　泡立て器でカシャカシャカシャと混ぜるんじゃないんですよ。**ボウルの壁の左右に、泡立て器をただぶつけるだけ。左右に手早くぶつける動きで、自然に空気が含まれる**。手早く、っていうのがポイントで、のんびりやってるとクリームや卵白がだれてしまって、なかなか立ってくれません。それと注意してほしいのは、生クリームはしっかり立てるんだけど、立てすぎると分離しちゃうの。卵白も同じ。泡立てすぎというのもよくないんです。

いちごのムースが作れるようになると、次に紹介するチョコムースも楽勝です。一歩一歩、確実にデザート名人になってください。

いちごのムース

材料（４人分）
〈いちごピュレ〉
いちご……300g
グラニュー糖……20g
レモン汁……少々
生クリーム（乳脂肪分40％台）……200mℓ
グラニュー糖……20g
卵白……1個分
グラニュー糖……20g
〈仕上げ用〉
いちご……12個
ミント……適量

この仕上がりを目指そう

いちごにちょっと細工しました。見た目の可愛らしさもおいしさのうち。

甘酸っぱくて、なめらかないちごピュレをかけて、ピンクの層を作る。

ムースはあくまでも、ふわっと口の中でとろける軽さに仕上げたい。

1

いちごに砂糖を加えてミキサーにかける。

いちごピュレを作ります。いちごのへたを取ってミキサーに入れ、グラニュー糖、レモン汁を加えます。攪拌（かくはん）して、なめらかなペースト状にしましょう。

2

ミキサーにかけると、こんな感じ。

きれいでしょ。トッピング用にピュレをカップ½ぐらい取り分け、残りをムースに使います。

3

生クリームを八分立てにする。

生クリームとグラニュー糖を入れたボウルを少し傾け、泡立て器を左右に動かしてクリームを立てます。こういうのは手早くやって、空気をいかに含ませるかなんだ。

4

3にいちごピュレを加える。

八分立てにした生クリームに、いちごピュレを４～５回に分けて加える。そのつど、泡立て器でしっかり混ぜ合わせるようにします。

5

ボウルのまわりから泡立て器で混ぜる。

ピュレが全部入ったら、ボウルを左手で手前に回しながら、泡立て器でボウルのまわりからなでるようにして全体を混ぜ合わせる。ソフトクリーム状の仕上がりになればOK。

6

別のボウルで卵白を泡立てる。

きれいなボウルに卵白を入れて、ボウルを斜めに傾け、泡立て器で立てます。ちなみに大きめの泡立て器のほうが手が疲れません。

7

五分立ちになったら、最初の砂糖を加える。

卵白が五分立ちになったら、この時点で初めてグラニュー糖を加えるんですよ。砂糖の$\frac{1}{2}$量を加えて、泡立て器で混ぜる。最初から砂糖を入れると、卵白が泡立たないので注意して。

8

残りの砂糖を加えて泡立てる。

泡立ては、ボウルの左右の壁に泡立て器をただぶつけるだけでいい。手早くね。残りの砂糖も加えて、同様に泡立てる。1分ぐらいで固いメレンゲになるよ。「そろそろ大丈夫かな」と思ったら手を止めること。やりすぎは禁物。

9

生クリーム＋いちごピュレのボウルに卵白を加える。

5のボウル(生クリーム＋いちごピュレ)に、**8**のメレンゲを数回に分けて加えます。そのつど、メレンゲの泡をつぶさないように、ゴムべらで切るように混ぜます。

10

ムースができました。

ボウルを回しながら、ゴムべらでまわりから混ぜて、ムラのないいちごミルク色に仕上げます。空気の入れ加減で、ふわっとした口溶けのいいムースができるんですよ。

11

グラスに流し入れて、冷やす。

いちご8個を食べやすく切ってグラスの底に入れ、**10**のムースを絞り袋で上から詰めます。絞り袋をムースの中に突っ込んだ状態で絞ると、コップとの間に空気の層ができにくい。この上に、**2**で取り分けたピュレをかける。

12

こんなの知ってる？　おまけです。

いちごのお尻から、真ん中にまっすぐ太めのストローを挿してあげる。すると、芯と一緒にへたが抜けるんだ。これとミントを飾ってできあがり、可愛いデザートでしょ。

チョコレートのムース
Spuma di Cioccolata

混ぜるのに苦労するぐらい、固いメレンゲ。これが、ふっくら柔らかい口当たりを作ってくれる

◉ メレンゲ上手になるべし

チョコのムースも、いちごのムースと組み立ては同じです。溶かしたチョコレート、八分立てぐらいの生クリーム、固めに立てたメレンゲ——この3つを混ぜて作る。ゼラチンが入らないムースは、なめらかでコクがあっておいしいですよ。

ふわっと、ほんとに口の中で溶けちゃうような舌ざわりにしたいでしょう。それにはやっぱり泡立てなのよ。特に、**メレンゲの泡立て方がモノをいう**。この際だから、苦手な人も上手になってください。卵白1個分の泡立てなら量が少ないから、こういう場合は**ボウルを傾けて、ボウルの片側だけで仕上げる**といいです。**ボウルも泡立て器も、きれいなものを使う**ことが大事。なかなか泡立たない理由は、道具に油や水がついているせいだったりするんです。

何度もいうけど泡立ては、泡立て器でカシャカシャカシャとかき混ぜればいい、ってもんじゃないのよ。ボウルの左右の壁に泡立て器をあてるような動きで、手早く立てるんだ。砂糖を入れるなら、五分立てぐらいにした段階で加えること。最初から砂糖を入れてしまうと、いくらやっても卵白が立ちません。

◉ 大人のデザート化

チョコムースは粉のココアでも作れるんですよ。ちょっと色は薄くなるけどね。ココアだってカカオで、同じチョコレートだもん。ココアで作ってもいいんだぜ。でも、まあ、良質な**ビターチョコを刻んで作れば、大人のデザート**になりますね。

どうせ大人向けにするなら、ラム風味のバナナをちょっとキャラメリゼして、チョコムースに添える、っていうのはどうですか？ **バナナが熱いうちにチョコムースと一緒に口に入れる**。これ、たまらないです。家でこんなの食べられるの最高だね。

チョコレートのムース

材料（4人分）
チョコレート……110g
生クリーム（乳脂肪分40%台）
……120mℓ
卵黄……1個分
〈メレンゲ〉
卵白……1個分(60g)
グラニュー糖……40g
〈ラムバナナ〉
バナナ……2本
ラム酒……大さじ2
無塩バター……大さじ2
グラニュー糖……20g
〈仕上げ用〉
チョコレート(刻む)、ミント
……各適量

この仕上がりを目指そう

チョコムースはなめらかで、ふわっととろける口当たり。

軽くキャラメリゼしたバナナを熱いうちに器に並べて、チョコムースを盛りつける。

仕上げに刻んだチョコをふりかけました。ココアや粉糖をかけてもいいよ。

1

チョコレートを刻んで湯せんで溶かす。
チョコレートは細かく刻みましょう。ボウルなどに入れて、沸騰した湯に浮かべ、弱火にかけてチョコレートを溶かします。

2

溶けにくいときは、生クリームを少し加えて。
分量の生クリームの中から大さじ2～3を、湯せんのチョコレートに加えてあげる。で、スプーンで混ぜて溶かせば、チョコレートも取り出しやすくなるでしょ。

3

生クリームを七分立てにします。
ボウルに残りの生クリームを入れて泡立てます。七分立てにしたところで、卵黄を加えて混ぜます。卵黄は入れなくてもいいんだけど、卵白を使うから卵黄も入れようかと。

4

3に2のチョコレートを混ぜる。
チョコレートをスプーンですくって、**3**のボウルに落としながら、泡立て器でさらにクリームを立てていく感じで混ぜます。それで結局、クリームは八分立てぐらいになる。

5

チョコレートをしっかり混ぜる。
これがチョコレートの全量を混ぜ終わったところ。なめらかでしょう？　ここに、空気をたっぷり含んだメレンゲを加える。それがチョコムースというものなんです。

6

では、メレンゲを作ろう。

メレンゲは清潔なボウルと、清潔な泡立て器で作ります。泡立て器に水や油がついていると立たないから気をつけて。卵白の量が少ないときは、ボウルの片側だけで仕上げる。

7

五分立てぐらいにしてから、½量の砂糖を加える。

五分立てにしてから、グラニュー糖を２回に分けて加え、そのつど、泡立て器をボウルの左右の壁にあてるように手早く動かして混ぜる。

8

卵白をしっかり泡立てます。ここ、大事だよ。

泡立てるとき、ボウルはずっと傾けたままですよ。手でしっかり押さえて、泡立て器を左右に動かして泡立てます。

9

固く泡立てたメレンゲを5に加える。

メレンゲを泡立てたら、これをチョコレート＋生クリームの**5**のボウルに加えて混ぜます。混ぜるのに苦労するぐらい、メレンゲは固く仕上げたほうがいいです。

10

混ぜるとき、メレンゲの泡をつぶさないようにね。

メレンゲは一度に全量を加えてOK。ボウルを回しながら、ゴムべらでボウルの周囲から時計回りに混ぜていく感じです。できるだけ泡をつぶさないようにしてね。

11

これがムースのできあがり。

なめらかに仕上がりました。見た目はチョコレートのソフトクリームだね。ムースはバナナが焼けたら、大きめのスプーンですくって、皿にポコッと盛りつける。

12

ラムバナナを作りましょう。

斜め切りにしたバナナにラム酒をかけて、グラニュー糖をまぶします。

13

バナナをキャラメリゼして、ムースに添えれば完成。

フライパンにバターを溶かし、**12**を並べて弱めの中火でソテーします。あまり動かすと砂糖が取れちゃうので、指でひっくり返す程度にして焼く。熱いから気をつけてね。

フルーツのガスパッチョ
Gazpacho di Frutta

やさしい火で煮て、ツブツブにほぐれた柑橘。簡単でいて、「こんなの食べたことない！」っていうデザート

● 誰が考えついたんだろう？

あのね、このデザートは、ちょっと面白いんだよ。オレンジとグレープフルーツがメインになるんですけど、どちらも皮をぐるりとむいて、果肉だけを取り出すんです。取り出したのを鍋に入れて煮るんです。

煮るんだけど絶対に沸かさないの。グラグラと沸かしてしまうと、水分が早く蒸発しちゃうし、フルーツの香りもとぶし、苦みや渋みが出てしまう。だから**沸かさないようにして煮る**。そうしてときおりかき混ぜながら煮ると、**果肉の粒が全部バラバラになる**のよ。自然にほぐれるんです。ねっ、面白いでしょ。

オレンジもグレープフルーツもほぐれて、粒は粒として残り、ジュースも出てくる。それがガスパッチョのベースになるわけ。本来のガスパッチョは冷たい野菜のスープだけど、これは冷たいフルーツのガスパッチョ。とってもさわやかです。

やさしい火で煮ると柑橘がツブツブにほぐれるなんて、「これを考えた人、えらいですね」と言う方がいたからさ、「**誉めてください。これ、僕が考えたんです**」って。いや実は、こういう方法で柑橘のジャムみたいなものができないかな……と思ってやってみたら、ジャムはできなかった。その代わり、新しいドルチェが誕生したというわけさ。

● アイスクリームは必須

ガスパッチョに浮かべるフルーツは、なんでもお好きなものを。すいか、いちご、メロン、マンゴー、いちじく……。季節のフルーツを一口で食べられるように切って、浮き実として入れよう。ミントを細かく切ったのを散らしてもいいですね。

で、仕上げにアイスクリームをポンとのせたら、すごくおいしいですよ。フルーツのガスパッチョは**砂糖を入れずに作るから、甘みをアイスクリームで調整**しながら食べるといいんです。スープに溶けたアイスクリームとフルーツの酸味、絶妙です。

フルーツのガスパッチョ

材料（4人分）
グレープフルーツ……2個
オレンジ……2個
ジュース(オレンジ、グレープフルーツ、ブラッドオレンジなど)……200mℓ
〈トッピング〉
いちご……4個
キウイ……1個
マンゴー……1個
ブルーベリー……適量
ミント……少々
アイスクリーム……大きなスプーンに4杯

●トッピングのいちごは縦半分に、キウイとマンゴーはいちょう形に切る。

この仕上がりを目指そう

柑橘のツブツブがくずれていないでしょ。きれいにほぐれてバラバラになっている、この食感がおいしいんだ。

宝石が浮かんでいるみたいに、いろいろな色のフルーツを入れよう。

アイスクリームを溶かしながら、ガスパッチョと一緒に食べるのが最高。

1

オレンジの皮をむく。
オレンジの頭とお尻を平らに切り落として、まな板の上に立てて置く。手で押さえて、包丁だけを上から下へ動かすようにして、皮と皮の下の白い部分をむきます。

2

グレープフルーツの皮をむく。
グレープフルーツも頭とお尻を平らに切り落とす。りんごの皮をむくように、皮と皮の下の白い部分をぐるりとむく。難しければオレンジと同じようにむいてもいい。

3

薄皮から果肉を取り出す。
グレープフルーツを鍋の上で持ちます。まず、薄皮と身の間に包丁を入れてから、中の果肉を1房ずつ、刃先で抜き取るようにして取り出し、鍋に入れます。

4

薄皮を手でぎゅっと絞る。もったいないからね。
薄皮に結構、身がついちゃうんだよね。これを絞って、果汁を残さず鍋の中に入れましょう。だから1房ずつ取るときに、薄皮に身が少し残っちゃっても大丈夫なんですよ。

5

オレンジも身を1房ずつ取り出す。
オレンジも同じ。薄皮と身の間に包丁を入れて、1房ずつ取り出します(ちなみに僕の使っている包丁、表面に酸で傷まない加工がしてあるのよ)。

6

オレンジの薄皮もぎゅっと絞る。

結構、果汁が出るものです。もったいないから、材料は余すところなく使おうぜ。

7

では煮ていきますよ。ジュースを加えて煮ましょう。

グレープフルーツとオレンジの果肉を入れた鍋に、ジュースを加えます。それで最初は強火にかける。沸いてきて、鍋中がクチクチしてきたら弱火にして煮る。

8

フツフツとする程度の火加減で、混ぜながら煮る。

水分が蒸発してしまうから、グラグラと煮立たせたくないわけ。フツフツとしている状態を保って煮よう。だから、「ちょっと沸いてきたな」と思ったら火から鍋をおろしてください。

9

身がほぐれてきたでしょ。鍋をゆすって煮続けます。

まず最初にグレープフルーツがほぐれてきます。鍋をゆすって動かしながら煮ていると、自然に果肉の粒がほぐれてくる。粒をつぶしたくないので、へらでいじりすぎは禁物。

10

ほら、オレンジもツブツブになってきた。

フツフツとした火加減で、鍋をときたまゆすりながら煮続けると、オレンジの果肉も自然にほぐれてくる。全体がほぐれたら、火からおろしてボウルに移します。

11

氷水にあてて冷やす。

ステンレスのボウルに入れるといいね。早く冷えますから。氷水にあてて、へらで混ぜ、粗熱が取れたら冷蔵庫で冷やしておく。

12

カットしたフルーツを混ぜる。

食べやすく切った果物を **11** に加えて、サッと混ぜて器に盛る。アイスクリームを入れて、ミントをのせればできあがり。きれいなデザートができました。

ロマノフ
Romanov

3つのボウルの材料を混ぜるだけ。ティラミスよりも軽い、僕も大好きなドルチェ

◉ ロマノフとティラミスの違い

日本では知名度にずいぶんな差があるけど、ティラミスの兄弟（いや、姉妹かな）みたいなお菓子が、この「ロマノフ」です。スプーンでそのままなめたいぐらい、僕はこれが好き。

ティラミスのクリームはね、生クリームとマスカルポーネチーズと卵黄と砂糖だけなんです。**ロマノフはそこにメレンゲが入る**。卵白を泡立てて、空気をたっぷり含ませたメレンゲが入る分だけ、**ロマノフはティラミスよりも軽くて、もっとふわっとした口当たり**です。

ティラミスはスポンジケーキやフィンガービスケットと組み合わせるけど、ロマノフはそのまま食べていいのよ。**生のフルーツの上にかけて食べるのがおいしい**。簡単だし、家庭ではそういうフレッシュで軽い感じのデザートのほうが、今はみんな、食べたい気分じゃないかな。

◉ 期間限定のドルチェとしゃれてみる？

ロマノフクリームは、**果物なんにでも合います**。バナナでもいちごでも、バナナといちご両方でもいいし。マンゴーやメロンやぶどうもおいしいですね。それから、スターフルーツとかドラゴンフルーツとか、見た目はかっこいいんだけど、あまり甘みのないトロピカルフルーツってあるでしょ。ああいうのとロマノフを合わせてもいい。

『ラ・ベットラ』では、**いちごのロマノフを冬の期間限定のドルチェ**に出していて、これがとても人気です。おいしいいちごにロマノフのクリームをのせて、粉糖をかけたもので、見た目も赤と白で可愛いでしょ。だから「いつまで食べられますか？」って問い合わせもくるぐらい。家庭でも季節のフルーツと組み合わせて、期間限定を楽しんだらどうですか？

ちなみに、シロップを浸したスポンジケーキの上にロマノフクリームをかけて、ココアをふれば……ティラミスにもなっちゃうんだな、これが。

ロマノフ

材料（２人分）
〈ロマノフクリーム〉
A
- マスカルポーネチーズ……150g
- 卵黄……1個分

B
- 生クリーム(乳脂肪分40%台)……300mℓ
- グラニュー糖……40g
- ブランデー……大さじ½

C
- 卵白……1個分
- グラニュー糖……5g

〈仕上げ用〉
- マンゴー(または好きなフルーツ)……適量
- ココア、ミント……各適量

この仕上がりを目指そう

ふわっとして、
ふっくらとして、
コクのある
めちゃうまクリーム！

フルーツに合う
クリームだから、
好きなフルーツを添えて。

ココアをふると
グッとおしゃれになる。
フォークの影にも
トライしてみてね。

1

Aのボウルです。
卵黄＋マスカルポーネを混ぜる。
ボウルに卵黄を入れ、マスカルポーネも入れて、泡立て器で混ぜます。

2

ダマのないように、よく混ぜる。
ボウルの周囲から泡立て器を入れ、時計回りに動かして、卵黄とマスカルポーネをよく混ぜる。ダマのない仕上がり、これが大事です。

3

Bのボウルです。
生クリーム＋グラニュー糖を混ぜる。
別のボウルに、生クリームとグラニュー糖を入れます。ボウルは清潔なもので。グラニュー糖は一度に入れます。

4

生クリームを八分立てにする。
泡立ては、ボウルの左右の壁に泡立て器をあてるような感じで、手早く動かす。

5

4にブランデーを加える。
ブランデーの半量を加えます。そしたらよく混ぜて、残りのブランデーを加えて、しっかり混ぜます。

6

クリームの仕上がりです。

もったりと固くなっているよね。こんなふうに、泡立て器を持ち上げると角が立つぐらいになるのが理想です。

7

6のボウルに、2を加えて混ぜる。

6のボウルに、2の“卵黄＋マスカルポーネ”をゆっくりと加えます。泡立てないように静かに混ぜ合わせて、こんな状態になればいい。

8

Cのボウルです。卵白を泡立てる。

清潔なボウルに卵白を入れてボウルを傾け、泡立て器を左右に手早く動かします。すると細かい泡が立ってくるでしょ。この状態(二分立て)になったら、グラニュー糖を加える。

9

グラニュー糖を加えたら、手早く泡立てる。

ボウルを傾けて卵白をしっかり立てます。くどいようですが、泡立て器をボウルの左右の壁にあてるようにして、手早く立ててくださいね。

10

角が立つまで、卵白をしっかり立てる。

ほら、このぐらいになればいいの。泡立て器を持ち上げたとき、ボウルの中の卵白に角が立つぐらいのメレンゲです。これ以上立てると、分離しちゃうから気をつけて。

11

7に10のメレンゲを加える。

これで、A、B、Cの3つのボウルの材料が全部合わさりました。そうしたら混ぜるんだけど、いっぺんに混ぜようとしないこと。

12

卵白の泡がつぶれないように、ゆっくり混ぜる。

ボウルを回しながら、少しずつ混ぜます。ボウルの周囲からゴムべらを入れて、卵白の泡がつぶれないように注意しながら、ゆっくりと全体を混ぜ合わせる。

13

これがロマノフです。リッチなクリームですよ。

ロマノフクリームの完成です。大きなスプーンですくって皿にのせ、食べやすく切ったマンゴーを添えます。ココアをふりかけ、ミントを添えると、かっこいいデザートのできあがり。

落合 務（おちあい・つとむ）
1947年東京都生まれ。1976年フランス料理の料理人として渡仏後、1978～81年イタリアで修業を積み帰国。東京・赤坂『グラナータ』の料理長に。1997年銀座『ラ・ベットラ・ダ・オチアイ』のオーナーシェフに。“予約のとれないレストラン”として知られる。わかりやすいレシピが人気で、講習会、テレビや雑誌などのメディアから引っ張りだこ、全国を忙しくとびまわっている。1999年刊のロングセラー『イタリア食堂「ラ・ベットラ」のシークレットレシピ』(講談社)は依然売れ続けている。ほかにも『ラ・ベットラ　落合務のイタリア料理事典』『イタリア食堂「ラ・ベットラ」のお魚レシピ』『パスタの基本』(すべて講談社)など人気書籍多数。
http://www.la-bettola.co.jp/

ブックデザイン　若山嘉代子　L'espace
撮影　青砥茂樹(本社写真部)
スタイリング　千葉美枝子
企画・構成　白江亜古

講談社のお料理BOOK
「ラ・ベットラ」
落合務のパーフェクトレシピ

2014年10月9日　第1刷発行
2022年2月4日　第18刷発行

著者　落合 務

発行者　渡瀬昌彦　KODANSHA

発行所　株式会社 講談社
東京都文京区音羽2-12-21
〒112-8001
電話　編集　03-5395-3527
販売　03-5395-3606
業務　03-5395-3615
印刷所　凸版印刷株式会社
製本所　株式会社若林製本工場

ISBN978-4-06-299621-1